알고 보면 신기하고 재미있는 Sea Story

당신만 몰랐던 매혹적인 바다이야기 27

이 도서의 국립중앙도서관 출판예정도서목록(CIP)은 서지정보유통지원시스템 홈페이지(http://seoji.nl.go.kr)와 국가자료 종합목록 구축시스템(http://kolis-net.nl.go.kr)에서 이용하실 수 있습니다. (CIP제어번호 : CIP2020018479)

알고 보면 신기하고 재미있는 Sea Story

당신만 몰랐던 매혹적인 바다이야기 27

고명석의 알신잼SEA

contents

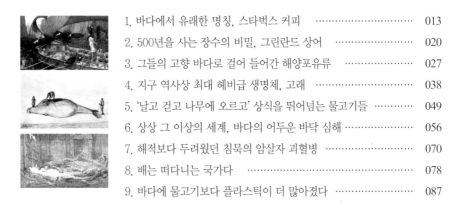
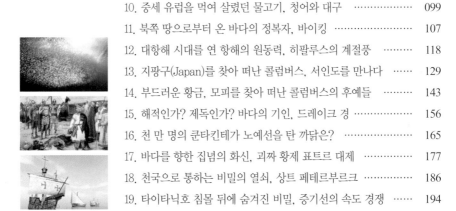

3부 동양의 바다

쉬어가는 코너 [그거 알아요?]

바다를 사랑하는 마음이
쑥쑥 자라길…

태어난 곳은 바다에서 먼 곳이었다. 바다를 처음 본 것도 청소년기였다. 살아오면서 바다와 인연이 점점 많아졌다. 해병대를 제대했고, 바다 관련 직업을 가졌다. 인천, 동해, 속초, 목포, 여수에 살았다.

바다는 내게 여러 가지 모습이었다. 바다는 생명의 위대함을 보여주는 경연장이었다. 너른 갯벌에서, 푸른 파도에서, 어두운 심연에서 생명의 노래를 들려주었다. 눈에 보이지 않는 플랑크톤에서 거대한 혹등고래, 500년을 사는 그린란드 상어까지 그곳은 신비였다.

바다는 역사와 신화를 가르쳐주는 스승이었다. 거기에 바다로 인해 융성했고, 바다로 인해 쇠망했던 수많은 시간이 깃들어 있었다. 세이렌의 노래가 들리는가 하면, 바이킹의 붉은 수염이 휘날렸다. 장보고 대사의 칼끝 너머로 캐러벨선 뱃머리에 앉은 콜럼버스가 보였다. 재기 넘치는 홍어 장수의 표류가 있었고, 불법 어로를 하는 황당선이 질주하였다.

바다는 힐링과 생태의 공간이었다. 모든 생명체가 태어났고, 하나로 연결된 통로였다. 지구를 너그럽게 품고 있는 안식의 무대이지만, 플라스틱으로 신음할 줄 아는 숨쉬는 존재이기도 했다. 그곳은 인간과 영원히 함께하는 길동무이며, 동반자였다.

그런데 아쉬움이 있었다. 바다와 친숙해질 수 있는 나침반이 없었다. 바다에 대한 호기심이 있어도 접근할 방법이 드물었다. 바다와 관련하여 쉽고 재미있게 읽을 만한 책이 드물기 때문이었다. 기존 책은 두 가지 부류로 분류될 수 있다. 하나는 항해, 기관, 해양물리 등 전문적인 내용이어서 일반인이 읽기에 적합지 않았다. 다른 부류는 해변가, 파도, 물고기 등 바다 상식을 얇게 보여주는 어린이용 정도에 그쳤다.

책도 드물지만, 대중적이고 흥미 있는 강의도 드물었다. 바다 전문가는 많지만, 스펙트럼의 반대편 일반인에게 소곤대는 매력적인 이야기꾼도 찾기 어려웠다. 이런 까닭에 일반 대중에게는 바다가 알 수 없는 곳이며, 먼 곳의 이야기였다.

이런 현실을 감안하여 이 책을 기획하였다. 책의 내용은 그동안 인터넷 언론에 연재했던 알신잼sea를 다듬어 실었다는 점을 밝혀둔다. 책은 3부로 구성되어 있다.

≪1부 놀랍고 신기한 바다≫는 바다 생명체를 주제로 한 이야기다. 스타벅스 로고와 명칭이 바이킹과 세이렌 신화에서 유래했고, 500년을 넘게 사는 상어가 존재하며, 스스로 성형 수술을 하는 기발한 물고기가 등장하는 등 상상을

뛰어넘는 신기하고 기이한 이야기가 펼쳐진다.

≪2부 유럽의 바다≫는 유럽 역사 속에서 발굴한 숨겨진 바다 이야기이다. 콜럼버스보다 먼저 아메리카를 발견한 것은 바이킹이었으며, 청어의 뼈 위에 네덜란드가 세워졌고, 타이타닉호가 침몰한 것은 속도 경쟁이 원인이었다는 이야기가 흥미진진하게 전개된다.

≪3부 동양의 바다≫는 동아시아 바다에서 벌어지는 생소하고 진기한 이야기가 전개된다. 일본의 다케시마의 날은 독도 강치잡이에서 비롯되었으며, 홍어 장수가 표류 중 2개 국어를 구사하는 민간외교관으로 활약하고, 조선 시대에도 불법 중국어선인 황당선이 출현했으며, 콜럼버스보다 90년 앞서 세계 일주를 했던 중국 함대가 등장하는 등 우리가 몰랐던 숨겨진 역사가 펼쳐진다.

별도로 구성된 ≪쉬어가는 코너〔그거 알아요?〕≫는 "왜 비오는 날 생선회를 먹지 말라고 할까?"등 바다와 관련하여 생활 속에서 알쏭달쏭했던 궁금증을 풀어가는 코너다. 가볍게 읽을 수 있도록 중간 중간 배치했다.

이 책을 만들게 된 것은 한 가지, 이 책을 읽는 독자에게서 바다를 사랑하는 마음이 쑥쑥 자라길 바라는 소망 때문이었다. 이를 위해 바다에 기대어 살아온 선조의 삶과 역사 뒤안길에 숨겨져 있는 깨알 같은 이야기를 들춰내고 싶었다. 바다 생명체의 진기한 노래를 들려주고 싶었다. 인간도 바다 순환 체계의 일부를 이루고 있고, 그에 속한 존재라는 것을 보여주고 싶었다.

알신잼sea를 연재하는 동안 보내준 독자들의 격려와 조언은 책을 엮는데 큰 용기가 되었다. 지면을 빌려 독자들께 감사드린다. 책이 나오기까지 다양한 아이디어를 제시하고, 원고 정리에 수고를 아끼지 않은 위성휴님께 감사드린다. 또 졸고를 기꺼이 책으로 만들도록 허락해주신 청미디어 신동설 대표님과 동명이인의 인연을 맺은 고명석 편집팀장님께도 감사드린다.

2020. 4. 여수 바다가 내다보이는 창가에서 저자

chapter 1

놀랍고 신기한 바다

1
바다에서 유래한 명칭,
스타벅스 커피

1971   1987   1992   2011

커피의 향에 매료되다

'지옥처럼 검고, 죽음처럼 강하며, 사랑처럼 달콤하다'

이 터키의 속담처럼 그윽한 커피 향은 뿌리치기 힘든 마력이 있다. 'Coffee'라는 명칭은 커피를 최초로 발견한 지역인 동아프리카 '카파(Kappa)'라는 지명에서 유래하였다. 일설에 따르면 6~7세기경 에티오피아의 목동이 특정한 초원에 이르러 염소들이 붉은 열매를 따 먹고 날뛰는 것을 보고 발견했다고 한다.

커피는 11세기 홍해를 거쳐 아랍의 예멘으로 전파되면서 처음 재배되기 시작하였다. 조직적인 재배가 이루어진 곳은 예멘의 모카 항 근처의 고지대였다고 한다. 이후 모카 항은 커피의 세계적 집산지로 발전하였고, 오늘날까지 최고급 커피 이름에는 모카를 사용하고 있다. 특히, 각성상태에서 의식을 행하는 이슬람 신비주의 수피교도는 커피를 애용했다고 한다.

1. 콘스탄티노플
한때 비잔틴 제국과 오스만 제국의 수도를 말하며 현재 이스탄불 이다.

이후 16세기에 오스만 제국의 콘스탄티노플[1]로 전해졌으며 순식간에 카페가 성행하였다. 이슬람의 도시 카이로나 콘스탄티노플에는 수 천 개의 카페가 즐비했다고 한다. 심지어 카페에 매일 수많은 사람이 모이는 바람에 혁명이 일어날까봐 술탄이 폐쇄시킨 적도 있었다. 그러다가 베네치아를 거쳐 유럽 전역으로 전파되었다.

요즘 거리에는 다양한 브랜드의 커피 전문점이 있다. 그 중에서도 스타벅스만큼 세계적으로 알려진 커피 브랜드는 없다. 그런데 이 'Star Bucks'라는 브랜드 명칭이 바다와 깊은 관련이 있다는 사실을 아는 사람은 드물다.

바이킹의 후예 고래잡이 항해사 '스타벅'

바이킹은 중세 유럽 바다의 정복자였다. 〈이미지=Pixabay〉

이야기는 오래 전 영국에서 시작되었다. 북쪽 땅으로부터 배를 타고 나타난 정복자 바이킹은 8~11세기 유럽 전역을 흔들었다. 영국, 아일랜드, 프랑스, 이베리아 반도, 지중해, 러시아를 비롯해 멀리 아메리카까지 진출했다. 그들은 야만적인 약탈자이기도 했지만, 세련된 상인이기도 했다.

그들이 최초로 진출한 곳은 영국의

해안가 마을들이었다. 여름철에 약탈을 하고 겨울이 다가오면 고향으로 돌아가는 것이 보통이었지만, 먼 이국땅에 눌러앉는 경우도 많았다. 이렇게 침입한 바이킹 일족이 내륙으로 들어가 오늘날의 맨체스터 근교에 정착한 적이 있었다. 그들은 그곳에서 갈대가 무성하게 자라는 작은 개울을 발견하고 마을을 이루고 살았다.

모비 딕의 저자 허먼 멜빌

사람들은 개울가에 살게 된 이 부족을 '갈대(stor)가 있는 개울(bek)'이라는 뜻으로 스토벡(Storbek)이라고 부르기 시작하였다. 오랜 세월이 흐르고 발음이 변형되면서 명칭은 스타벅(Starbuck)으로 바뀌게 되었다.

2. 뉴잉글랜드
대서양을 건너온 청교도가 최초 정착했던 미국 북동부 6개주를 말한다.

스타벅 부족은 척박한 환경 속에서 농사를 지으며 근근이 살아가고 있었다. 그런데 19세기 미국 뉴 잉글랜드[2]를 중심으로 위험하지만 돈이 되는 사업이었던 고래잡이가 크게 성행하였다. 이 소문을 들은 스타벅 부족 일부가 미국으로 건너가 고래잡이 배를 타기 시작했다. 이들은 바이킹의 후예답게 고래잡이에 탁월한 능력을 발휘하면서 업계에 이름을 알렸다.

미국에 본사를 둔 글로벌 커피 프랜차이즈 스타벅스. 〈이미지=Pixabay〉

스타벅스가 시작된 시애틀의 매장 전경. 〈이미지=Pixabay〉

3. 모비딕
포경선 선장과 흰 고래의 사투를 그린 허먼 멜빌의 해양 소설이다.

한편 1844년 미국에 20세에 선원 생활을 시작하여 상선, 포경선, 군함에 승선하며, 바다를 경험하고 돌아온 한 젊은이가 있었다. 그가 바로 포경선을 탔던 경험을 바탕으로 불후의 명작 《모비 딕》[3]을 쓴 작가 허먼 멜빌이다. 그는 항해 경험을 토대로 《모비 딕(1851년)》을 비롯해 《타이피(1846년)》 《오무(1847년)》 《레드번(1849)》 《하얀 재킷(1850)》 등 많은 해양소설을 썼다.

허먼 멜빌이 선원 생활을 하는 동안, 고래잡이로 명성을 날리던 스타벅 부족에 대해 들었다. 그래서 그는 이 부족의 이름을 따서 소설 속에서 등장하는 항해사 이름을 '스타벅'이라고 지었을 것이다. 항해사 스타벅은 불굴의 투지로 흰 고래에 무모하게 맞서는 에이허브 선장과 다른 캐릭터이다. 고래에 무모하게 달려드는 선장을 말리며 설득시키는 차분한 성격으로 그려진다. 그는 흰 고래의 마성을 벗어나 이성을 되찾도록 선장을 설득하기도 하고, 일상인 자신의 고향으로 돌아가고자 노력한다. 이처럼 소설에서 스타벅은 선장과 극명히 대조되는 차분한 이미지로 묘사되고 있다.

세월이 지나 미국 시애틀에 허먼 멜빌의 《모비 딕》을 그 누구보다 좋아하는 영어 교사가 있었다. 그가 바로 스타벅스의 공동 설립자인 제럴드 볼드윈이다. 커피 애호가였던 그는 종종 양질의 커피를 공유하는 모임을 지속하고 있었는데, 1971년 교직을 그만두고 다른 두 명이 함께 커피전문점을 시작하게 되었다. 당시 미국 커피는 싱겁고 맛이 없는 그야말로 아메리카 스타일이었다. 그래서 그는 이태리 스타일의 진한 에스프레소 커피를 사람들이 좋아할 것으로 생각하고 이를 선보였다.

제럴드 볼드윈은 미국에서 새롭게 시도하는 맛의 커피를 출시하면서 커피전문점 명칭을 고민하였다. 오랜 고민 끝에, 자신이 가장 좋아하는 소설 《모비 딕》에 나오는 포경선 1등 항해사 이름인 '스타벅'을 사용하기로 했다. 거기에 세 명이 공동 창업[4]하는 의미를 담아 복수형인 s를 붙였다. 이렇게 하여 바이킹 부족에서 유래된 명칭인 스타벅스가 탄생하게 되었다.

4. 스타벅스 공동 창업
커피 애호가였던 고든 보커(Gordon Bowker), 제럴드 제리 볼드윈(Gerald Jerry Baldwin), 지브 시글(Zev Siegl)은 1971년 미국 시애틀에 스타벅스 1호점을 창업하였다.

스타벅스 로고 속에 숨겨진 세이렌의 유혹

한편 스타벅스라는 브랜드명 외에도, 흰색과 초록이 어우러진 로고도 바다에서 유래되었다. 로고에 있는 형상은 그리스 신화에 나오는 바다의 마녀 '세이렌(Seiren)'에서 가져왔다. 세이렌은 아름답고 치명적인 매력을 가진 마녀인데, 상체는 여자이고, 하체는 새 또는 물고기인 모습이었다. 세이렌은 배가 자주 지나다니는 섬에 살았다. 이들은 신비하고 매혹적인 노래를 불러 선원을 유혹했다. 거부할 수 없는 세이렌의 노래에 매혹된 선원들은 바다에 뛰어들었고, 이들은 세이렌에 잡혀 먹혔다.

고대 그리스의 시
인 호메로스의 작
품으로 트로이 전
쟁 및 해상모험을
그린 대서사시다.

《오디세이아》[5]에서 트로이 전쟁에 승리한 오디세우스가 집으로 돌아가다가 세이렌을 만나는 장면은 잘 알려져 있다. 오디세우스는 세이렌이 사는 섬을 지나가기 전에 선원들의 귀를 밀랍으로 막아 노래를 듣지 못하게 한다. 하지만 자신은 궁금증을 참지 못하고 몸을 돛대에 묶게 하여 신비한 노래를 들을 수 있었다.

이처럼 스타벅스 창업자들은 그들의 카페가 세이렌의 노래처럼 사람들을 유혹하여 지나가는 사람들이 매장으로 들어오길 바라는 소망을 담아 로고를 만들었다. 세상이라는 바다에서 고객이라는 선원을 매장으로 유혹하기 위해 세이렌을 내세웠던 것이다.

1971년 최초로 만들어진 스타벅스 로고는 세 번 바뀌었다. 그런데 2011년부터 현재까지 쓰고 있는 로고에는 '스타벅스'라는 명칭은 사라지고 세이렌만 남았다. 그것도 더욱 매혹적인 미소를 띠며 웃고 있다. 이제 1등 항해사 스타벅의 차분하고 이성적인 분위기는 버리고 세이렌의 유혹만을 남기려는 의도일까?

존 W. 워터하우스, 〈오디세우스와 사이렌〉, 1891

거리를 걷다 보면 젊은이들이 스타벅스 간판을 보자마자 홀린 듯이 문을 열고 들어가는 것을 종종 볼 수 있다. 마치 세이렌의 노래를 듣기라도 한 것처럼…… 생명에 위급한 상황이 발생할 때 출동하는 소방차나 경찰차는 사이렌 소리를 울리며 질주한다. 사이렌(Siren)은 요정 세이렌에서 유래되었지만, 지금은 경고음이라는 의미로 쓰이고 있다. 비상용 차에서 귀에 거슬리는 마찰음을 크게 내서 사람들에게 미리 세이렌을 피하도록 경고하는 것이다.

그렇다면 세이렌 로고만을 내세워 고객의 주머니를 털어보려는 숨은 의도를 알리기 위해서, 사이렌이라도 울려야 할까?

2
500년을 사는 장수의 비밀,
그린란드 상어

때로는 공포스러운, 때로는 귀엽고 발랄한

깊은 바다 속에는 육지보다 훨씬 많은 생물종이 존재한다. 그 속에 살아가는 생물에 대해 아직 인간은 다 알지 못한다. 인간의 상상을 뛰어넘는 생명체들은 신비를 간직한 채 오늘도 바다 속을 유영하고 있다. 그 중에서 상어는 비교적 잘 알려져 있는 고대 생명체이다.

상어를 이야기하면 영화 《죠스》가 만들어낸 공포의 이미지를 먼저 떠올리게 된다. 거기에는 무시무시한 덩치에 날카로운 이빨로 무차별 공격하는 백상아리가 나오기 때문이다. 피터 벤츨리의 동명의 소설을 스티븐 스필버그 감독이 영화화하여, 1975년 공전의 히트를 기록했던 작품이다.

하지만 현실에서 상어가 사람을 공격하는 일은 극히 드물다. 전 세계에서 1년에 상

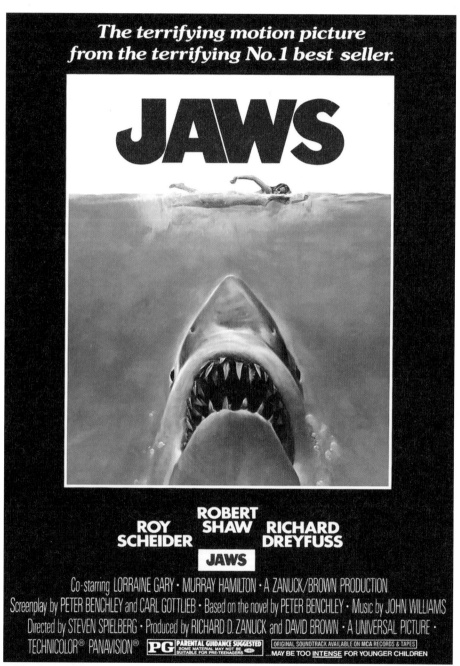

영화 죠스(Jaws, 1975) 포스터.

어의 공격으로 죽은 사람은 10명 정도로 매우 적다. 1년에 개의 공격으로 사망하는 사람이 2만 5,000명 정도 된다하니, 비교하는 것이 무의미하다.

반면에 귀엽고 친근한 상어의 이미지도 있다. "아기 상어, 뚜루루~~~"로 시작하는 한국 동요《상어 가족(baby shark)》이 최근 빌보드 메인 싱글차트 32위에 랭크된 바 있으며, 유튜브 조회 수도 약 22억 뷰를 기록하였다. 미국 구전 동요를 우리나라 유아교육 회사가 중독성 있는 멜로디로 창작하여, 세계적 인기를 누리고 있다.

유튜브로 전 세계적인 인기를 끈 한국 동요 '상어 가족' 〈이미지=스마트스터디〉

상상력을 자극하는 움직이는 화석, 상어

영화나 만화에서 희화화된 이미지 외에, 상어의 생물학적 특성을 잘 아는 사람은 드물다. 상어는 4억 5천만년 내지 4억 2천만 년 전 오르도비스기부터 지구에 존재했었다는 증거가 있다. 척추생물 중 가장 오랜 기간 동안 생존한 종 중 하나로 알려져 있다.

상어는 가오리류와 함께 물렁뼈로 된 연골어류[1]에 속하며, 종류가 370종이나 된다. 다른 물고기들과 달리 부력을 조절하는 부레가 없어, 헤엄치지 않으면 가라앉는다. 일부 종은 아가미를 스스로 움직일 수 가 없어서 계속 헤엄쳐야만 아가미를 통과하는 바닷물에서 산소를 얻을 수 있다. 그래서 그물에 걸리면 산소를 얻지 못하여 익사한다. 평생을 헤엄쳐야 하는 운명을 타고난 것이다.

크기도 다양하다. 난쟁이 랜턴 상어처럼 손바닥만 한 것이 있는가 하면(15cm), 고래상어처럼 컨테이너 세 개 길이의 상어도 있다(20m). 또한 열대바다에서부터 북극권의 바다에 까지, 거의 모든 바다에 서식한다. 황소상어 같은 종은 바다와 민물을 오가면서 살 수 있다.

상어의 이빨은 마치 여러 줄의 톱니바퀴 같아서 앞줄이 닳거나 부러져 없어지면 뒷줄이 앞으로 나오면서 계속 교체된다. 피부는 마치 갑옷 겉 표면의 조각처럼 생긴 방패비늘이 감싸고 있어 꺼칠꺼칠하다. 상어 피부를 벗겨 사포 대용으로 사용하는 경우도 많다. 비늘은 물의 저항을 최소화하는 형태로 되어있어, 올림픽 수영선수들의 수영복 기술에 적용되기도 한다.

습성도 특이하다. 변온성 동물임에도 대형 상어 중에는 뜨거운 피를 순환시켜 주위보다 체내 온도를 높게 유지하여 활동성을 높이는 종도 있다. 물속에 알을 낳고 체외수정을 하는 다른 물고기와 달리, 교미 후 암컷의 체내에서 알을 부화시킨다. 새끼도 알 형태로 낳기도 하고, 성장한 새끼 형태로 낳기도 하며, 그 중간 형태도 있다. 즉, 난생, 태생, 난 태생이 모두 가능하다.

알려진 바와 같이 상어 지느러미는 샥스핀(shark's fin)[2] 요리에 쓰인다. 이를 위

1. **연골어류**
상어나 가오리처럼 뼈대가 물렁뼈로 되어 있는 물고기 종류를 말한다.

2. **샥스핀**
상어 지느러미를 주재료로 만든 최고급 스프를 말한다.

해 상어를 잡는 방법은 통상적으로 생각하는 것보다 잔인하다. 배 위로 올려진 상어는 산 채로 지느러미만 잘리고 바다에 버려진다. 날카로운 이빨 때문에 다루기가 어렵고, 근육질 몸통은 상품 가치가 없기 때문이다. 버려진 상어는 헤엄을 치지 못해 깊은 바다 속으로 서서히 가라앉으면서 고통스럽게 질식하여 죽는다.

500년을 사는 장수동물의 대명사 그린란드 상어

한편, 상어가 척추동물 중에서 가장 오래 사는 최장수 기록을 가지고 있다면 믿을 수 있겠는가? 장수하는 것으로 알려진 동물은 많다. 무척추 동물로는 밍(ming)이라는 조개가 500년 이상 산다고 한다. 척추동물 중에는 코끼리 거북이 190년 산 기록이 있고, 북극 고래는 210년 된 개체가 발견되기도 하였다.

하지만, 일반적인 상식과 다르게 최장수 척추동물을 꼽으라면 잠꾸러기 상어 과에 속하는 그린란드 상어(greenland shark)를 들 수 있다. 이 상어는 500년 이상을 사는 것으로 알려져 있다. 그린란드 상어는 매우 느리게 성장하는데, 1년에 1cm 정도 자란다고 한다. 워낙 자라는데 시간이 걸리다 보니 150살이 되어야 짝짓기와 번식이 가능하다. 150살 이하는 아직 미성년이라고 할 수 있다. 과학자들은 그린란드 상어가 아주 차가운 바다에 살다보니 신진대사가 느려 더디게 자라고 그만큼 수명이 길어진 것이라고 추정하고 있다.

그린란드 상어는 둔한 몸집과 뭉툭한 코와 커다란 입을 가졌으며 길이 7m에 몸무게 1톤까지 자란다. 대부분의 상어가 따스한 바다에서 살지만, 이들은 추운 바다인 북대서양과

샥스핀 요리로 인해
지느러미가 잘린 상어.

북극해의 심해에 서식한다. 눈에는 기생충인 요각류(橈脚類)[3]
가 안구표면을 갉아먹어 앞을 보지 못한다. 그렇
지만 빛이 없는 심해에 서식하는 그린
란드 상어는 시각의 필요성이 거의
없으며 후각이 뛰어나 먹이활동에는
지장이 없다고 한다.

그린란드 상어

이들은 커다란 몸으로 북극의 추운 바다 밑을 시속 1.22km로 천천히 헤엄치는데
이때 꼬리지느러미가 좌우로 움직이는 데만 7초가 걸린다. 그러나 먹잇감을 잡을 때
는 순간적으로 속도를 낼 수 있다고 한다. 어류, 물개, 바다표범 등 바다생물은 물론
순록, 사슴, 심지어 북극곰까지 이 상어의 뱃속에서 발견된 적이 있다.

3. **요각류**
동물플랑크톤 일
종으로 대부분이
부유생활을 하며
7500종이 있다.

2017년 과학자들은 노르웨이 근해에서 발견된 그린란드 상어에게 눈의 수정체
를 이용한 방사성 연대 측정방법을 적용하였다. 그 결과 놀랍게도 1502년 태어난
것으로 밝혀졌다. 조선시대 임진왜란이 발생하던 즈음에 태어난 것이니 실로 살아
움직이는 박물관이라 할 만하다.

장수를 바라는 것은 인간의 자연스런 소망이다. 하지만 현대인은 복잡한 생활환
경에서 오는 스트레스와 잘못된 식습관에 길들여져 있다. 그래서 고혈압, 당뇨, 비
만 등 성인병에 시달리고 있으며, 장수의 소망을 이루지 못한다.

"차가운 물에서 느리게 헤엄치는 생태, 드문 먹잇감으로 인한 자연스런 소식(小
食) 습관, 느긋하고 조용한 생활 방식!" 이것이 우리 인간이 그린란드 상어에게서 배
울 수 있는 장수의 비결이다.

바쁘게 돌아가는 현대인의 삶 속에서 느긋한 여유를 찾으며 살아가는 것이 그리

쉬운 일은 아닐 것이다. 하지만 조금씩 덜 먹으며 좀 더 느긋하게 남에게 양보하는 방식으로 삶을 바꿔 간다면, 그린란드 상어만큼은 못되어도 100년은 살 수 있지 않을까?

3

그들의 고향 바다로
걸어 들어간 해양포유류

필자는 캐나다 벤쿠버에 머물렀던 적이 있었다. 당시 배를 타고 캐나다 서쪽 태평양 연안을 일주일간 항해할 기회가 있었다. 가을이면 수십 만 마리 연어 떼가 바다로부터 강을 거슬러 올라갔다. 한적한 항구에는 여러 마리 항구 물범(harbor seals)이 밀려온 통나무 위에 나란히 앉아 잠을 청하거나 하품을 하고 있었다.

혹등고래(hump back whale). 〈이미지=Pixabay〉

가끔은 수정처럼 시퍼런 바다에서 거친 숨소리와 함께 나타나 포말을 내뿜으며 검은 등짝을 살짝 보여주고는 이내 사라지는 혹등고래(hump back whale)도 볼 수 있었다. 또한 켈프 줄기를 몸에 감고 한가로이 장난을 치는 해달(sea otter) 무리도 쉽게 볼 수 있었다.

캐나다 자연에서 봤던 해양포유류의 모습은 신비하고 경이로웠다. 미끄러지듯 물살을 가르며 날쌔게 헤엄치는 모습을 보고 있노라면, 그들이 우리 인간과 같은 포유동물이라는 것이 쉽게 믿기지 않았다. 그들은 왜 육지 생활을 포기하고 바다로 갔을까? 그들은 육상과 전혀 다른 거친 바다 환경에 어떻게 적응해 살아왔을까? 얼어붙은 극지에서 뜨거운 적도 바다까지, 오대양을 누비며 살아가는 해양포유류의 생존 전략을 들여다보자.

1. 실러캔스
중생대 백악기에 멸종된 것으로 알려졌으나, 1938년에 아프리카 심해에서 발견된 원시 물고기를 말한다.

바다에 올라 온 생명체, 바다로 걸어 들어가다

실러캔스(coelacanth). 〈이미지=123RF〉

생명은 바다에서 기원하였다. 약 6억 3500만 년 전에 가장 단순한 형태의 동물이 출현했다. 생명체는 한동안 그들이 탄생한 바다에서만 풍요를 누렸다. 그런데 약 3억 5천 만 년 전 바다에 살던 척추동물 일부가 땅으로 기어 올라와, 네 다리로 걷기 시작했다. 경골어류의 후손으로 추정되는 이들은 육지의 거친 환경에 적응해야했다. 1938년 12월 남아프리카에서 발견된 화석 어류 실러캔스[1]도 다리로 진화중인 지느러미를 가지고 있다. 아가미 대신 허파로 숨 쉬는 법을 배워야 했고, 물이 제공하는 부력 대신 튼튼한 다리를 발달시켜야 했다. 이와 함께 뜨거운 자외선과 추위로부터 피부를 보호하기 위한 수단도 진화시켜야했다.

육지로 올라온 이후에도 수 백 만년에 걸친 적응 기간이 필요했다. 어류로 시작한 우리의 조상은 양서류·파충류·조류를 거쳐 포유류로 진화했다. 약 2억 년 전에 탄생한 포유류는 작고 힘이 약했다. 오랫동안 파충류인 공룡의 위세에 눌려 숨어 살았다. 그러다가 약 6,500만 년 전 행성이 지구를 충돌했던 백악기 대멸종 때 공룡은 사라졌고, 그 이후부터 포유류가 번성하기 시작했다.

그런데 약 5천 만 년 전 특이한 일이 일어났다. 육지의 환경에 맞추어 힘들게 적응한 일부 포유동물이 이번에는 그들의 고향인 바다로 돌아갔다. 하지만 영화 《워터월드》에 나오는 주인공 마리너[2]처럼 아가미를 가지지는 못했다. 진화의 시계바늘은 거꾸로 돌아가지 않았다. 육지에서 살던 모습대로 허파를 지닌 채 물속으로 걸어 들어갔다.

영화 워터 월드(Water World, 1995) 포스터

사실 신체적·생태적 조건으로 볼 때, 포유동물은 물속 생활에 맞지 않다. 그들은 공기를 직접 들이마시는 허파호흡을 하며, 체온유지를 위해 털을 가지고 있다. 또한 알이 아닌 새끼를 낳아 젖을 먹여 기르며 몸의 형태도 육지 보행에 맞게 네 다리가 발달되었다. 이 모든 조건이 물속에 살기에는 불리하다고 할 수 있다.

바다로 돌아간 해양포유류는 육지에서 살던 모습대로 살아갔지만, 거친 바다 환경에 완벽하게 적응하고 번성하였다. 피하지방을 축적하여 추위를 막았고, 다리를

2. **마리너**
지구 전체가 물속에 잠기면서 아가미를 가진 인간으로 진화한 주인공이다.

지느러미 모양으로 바꾸어 갔다. 바다 속에서 먹이를 잡고 천적을 피하기 위해 잠수 능력을 극대화시켰다. 체온을 유지하기 위해 표면적을 넓혔고 커진 몸집으로 숨을 쉬기 위해 코의 위치를 등짝으로 보냈다.

바다에 적응한 해양포유류의 놀라운 생존 전략

이렇게 진화한 해양포유류는 오늘날 네 종류가 있다. 고래와 돌고래를 포함하는 고래목, 물범, 물개, 바다사자, 바다코끼리가 속하는 기각목, 해달, 북극곰이 속하는 식육목, 매너티, 듀공이 속하는 해우목이 그것이다. 이들은 단순히 바다에 적응했을 뿐 아니라 인간의 상상력을 뛰어넘는 몸 구조로 진화했고 엄청난 능력을 발달시켜 왔다.

고래는 물고기처럼 바닷물의 저항을 줄이는 유선형으로 몸을 진화시켰다. 뒷다리는 수평 형태의 꼬리가 되었고, 앞다리는 앞 지느러미가 되었으며, 등에도 지느러미를 만들었다. 이렇게 서로 다른 종이 비슷한 생활양식 때문에 유사한 몸 구조를 발달시키는 것을 생물학에서는 수렴 진화(convergent evolution)라 한다. 그런데 자세히 보면 물고기는 지느러미가 수직 형태이지만, 고래나 듀공은 수평 형태이다. 위급한 상황에서 물고기는 앞으로 나아가야 숨을 쉴 수 있는 반면, 해양포유류는 수면 위로 올라가야 숨을 쉴 수 있기 때문이다.

진화 과정에서 잠수 능력을 극대화시킨 경우도 있다. 남극에 사는 귀여운 웨델 물범은 600m까지 잠수한다고 알려져 있다. 코끼리물범은 3톤이 넘는 거대한 몸집에도 불구하고 특별한 능력을 지닌 심해 잠수의 달인이다. 2011년 과학잡지《네이처》

는 이들이 1,760m까지 잠수했다고 발표했다. 이들은 수면에서 분당 120회 심장이 뛰지만, 잠수할 때는 30~35회로 줄어든다.

코끼리 물범(elephant seals). 〈이미지=Unsplash〉

사람과 달리 이들은 혈액중의 산소 저장소인 헤모글로빈 농도가 매우 높다. 심해로 잠수하면 기압이 높아지면서 허파를 비롯한 공기 통로가 짜부라들어 공기가 완전히 없어진다. 허파 호흡을 한동안 멈추는 것이다. 산소 대부분을 허파가 아닌 근육의 미오글로빈과 혈액의 헤모글로빈에 저장하는 능력이 있어 가능한 일이다. 때문에 이들은 인간 잠수부가 겪는 잠수병[3]이나 질소 중독[4]을 겪지 않는다. 또한 잠수 중 심해의 압력으로 인해 수면으로 올라올 때는 마치 건대추같은 쭈글쭈글한 모습이 되기도 한다.

이들은 새끼를 낳거나 털갈이를 위한 두세 달을 제외하고 일 년 내내 찬 물속에서 살아간다. 한 번에 20분 이상 물속에 머물렀다가 2~3분 숨을 쉬고는 물속으로 다시 들어간다. 주로 수면에 머무는 천적인 백상아리나 범고래보다도 깊은 심해에서 생활한다. 물고기와 포유류의 본래 습성이 뒤바뀐 듯한 착각을 불러일으킨다. 심지어 잠수하면서 잠을 잘 수 있는데, 이때 뇌의 반쪽은 잠을 자고 반쪽은 경계를 하며 눈도 한 쪽 눈만 뜬다고 한다. 실로 놀라운 진화의 기적이 아닐 수 없다.

만화 《보노보노》[5]의 주인공 해달은 해양 포유류 중에서 가장 작은 종에 속한다.

3. **잠수병**
압력 차이로 인한 혈액 속 질소 거품으로 발생하는 통증을 말한다

4. **질소중독**
잠수시 질소로 인한 황홀증을 말한다.

5. 보노보노
1986년 만들어진 아기 해달 보노보노와 동물 친구들의 이야기를 다룬 만화이다.

6. 보온수단
대부분 해양 포유류는 피하지방으로 몸을 보온 하지만 해달은 피하지방이 적고 유일하게 털로 보온을 한다.

알래스카 추운 바다에 살며 조개류와 성게를 먹는데, 조개를 배 위에 올려놓고 돌로 내리쳐 깨서 내용물을 먹는 습성이 있다.

이들은 몸 크기가 작아 부피에 비해 찬물에 닿는 표면적이 넓다. 이로 인해 바닷물에서 체온 유지에 불리하지만, 특이하게도 피하 지방이 매우 적다. 이를 보완하기 위한 보온 수단[6]으로 해달은 무려 1평방 인치당 100만 올에 달하는 촘촘한 털을 가지고 있다. 사람의 모발이 평균 10만 올 이라는 점을 고려하면 어마어마한 밀도이다. 이처럼 세상에서 가장 따뜻하고 부드러운 모피를 가졌다는 이유로 한때 심한 수난을 겪기도 했다.

그럼에도 모피만으로는 체온을 유지하기 어려워 엄청난 칼로리를 태워야 하는데, 매일 자기 체중의 25% 이상을 먹어야 한다. 이들은 켈프 숲에 사는데, 자다가 떠내

해달(sea otter). 〈이미지=Pixabay〉

려가는 것을 막기 위해 켈프 줄기를 몸에 감고 누워서 잠을 잔다. 잡을 만한 켈프가 없으면 여럿이 손을 잡고 자기도 하는데, 그 모습이 귀엽고 웃음을 자아낸다.

인간의 탐욕이 부른 거대 바다소의 멸종

러시아의 베링 탐험대[7]가 발견했던 스텔러바다소 (Steller's sea cow)는 현존하는 듀공과 메너티의 사촌쯤 되는 해우목에 속한다. 이들은 해양 포유류로서는 유일하게 다시마 등의 갈조류를 먹는 초식 동물이었다.

몸길이는 최대 8.5m가 넘었고, 체중은 5~12톤이 나갔다. 하마나 코끼리보다 컸다. 몸을 둘러싼 검고 튼튼한 피부는 두께가 2.5cm에 달해, 마치 나무의 가죽 같았다.

7. **베링 탐험대**
러시아의 표트르 1세의 명을 받아 북태평양 일대를 탐사한 베링과 그 일행은 베링 해협을 발견하였다.

1742년 스텔러 바다소(Steller's sea cow)를 조사하고 있는 베링 탐사팀. 〈L. 슈테네거, 1925〉

이들은 북태평양 베링해의 추운 바다에 둥둥 떠다니며 살았는데, 동작이 둔하고 인간에 대한 경계심도 없었다. 적절한 방어 방법도 없어, 얕은 바다에 웅크리고 있을 뿐이었다. 무리의 유대가 깊어서 새끼들은 무리의 중앙에서 키웠다. 또 이들은 동료가 공격당하면, 마치 그것을 도우려는 듯이 몰려드는 습성이 있다. 특히 암컷이 부상당하면, 수컷 여러 마리가 몰려 와 몸에 꽂힌 작살이나 감긴 로프를 떼려고 했다. 이러한 습성은 사냥꾼에게 악용되기도 했다.

바다소 한 마리로부터 많은 고기와 지방을 얻을 수 있었다. 그 고기는 마블링이 잘된 어린 소고기와 비슷한 맛이었다고 한다. 조난당한 탐험대에게 고기는 훌륭한 식량이 되었고, 지방은 식용 기름이나 램프의 원료로 활용했다. 결국 탐험대가 섬에서 생환하는데 절대적인 도움이 되었다.

하지만 탐험대가 돌아온 후 소문이 곧바로 퍼졌고, 그 고기나 지방, 모피를 노린

지구 환경 변화로 인해 북극곰은 위기에 처해 있다. 〈이미지=Pixabay〉

당신만 몰랐던 매혹적인 바다이야기 27 | 알고 보면 신기하고 재미있는 Sea Story

사냥꾼들에 의해 남획되기 시작했다. 그 결과 스텔라바다소는 발견된 지 불과 27년 만인 1768년경 멸종되고 마는 비운의 주인공이 되었다.

요즘은 TV를 켜면 북극곰을 살리자는 캠페인을 쉽게 볼 수 있다. 하지만 멸종 위기를 맞은 동물이 북극곰만은 아닐 것이다. 수많은 해양포유류가 인간의 탐욕으로 인해 스텔러바다소와 같은 운명에 직면해 있다.

지구 역사를 1년으로 볼 때 인류가 지구를 점령한 시간은 크리스마스 저녁쯤이라 할 수 있다. 이 시간은 진화의 시계로 볼 때 찰나에 불과하다. 이 정도로는 인간 종에 맞추어 다른 동물이 진화하기에 너무 짧은 시간이었다. 게다가 인간 종은 강하고 탐욕스럽기까지 하다.

그래서 인간은 다른 동물 종에게는 치명적인 종이다. 자신의 성찰이 아니면 그 무엇도 끝없는 탐욕을 막을 수 없다. 인류가 자원을 과잉 소비하는 삶의 방식을 스스로 바꿔 나가지 않는다면, 이 아름다운 해양포유류와 공존하는 시간도 곧 끝날 것이다.

도시 어부의 꿈은 돗돔을 낚는 거라고?

"돗돔을 잡아 본 적이 있나요?"

낚시 좀 해봤다는 꾼도 고개를 가로저을 것이 분명하다. 돗돔은 직접 본 사람조차 드물 정도로 귀한 생선이다. 그래서 도시 어부라면 누구나 전설의 돗돔을 직접 잡아 보는 것이 평생 꿈일 것이다. 돗돔은 다 크면 2m까지 자라며, 무게가 150kg 이상 나가는 대형종이다. 우리나라 근해 물고기 중에서 가장 큰 놈이니, 모든 강태공의 선망의 대상이 될 자격이 있다.

돗돔은 수심 400~500m 깊이의 암초 지대에 사는 전형적 심해어이다. 우리나라에서 잡을 수 있는 곳은 부산 근해, 신안 가거도, 제주도 마라도 근해 정도이다. 5월~7월 산란을 위해 수심이 얕은 곳에 올라올 때 잡힌다.

전설의 물고기로 불리는 돗돔을 정약전은 ≪자산어보≫에서 대면(大鮸)이라고 기록하였다. 낚시 미끼를 문 상어를 돗돔이 다시 물어서 같이 딸려 나오며, 여러 명이 끌어올린다고 서술하였다.

2015년 부산 공동어시장에서 돗돔 한 마리가 520만원이라는 역대 최고가에 위판된 적이 있었다. 이렇게 판매된 돗돔은 이를 취급하는 횟집으로 팔려가 손님상에 오른다. 그런데 아주 가끔 잡히기 때문에 다른 횟감처럼 상시 판매가 불가능하다. 말하자면 정규 메뉴판에 없고, 불시에 등장하는 특별 메뉴인 것이다.

생선은 크면 클수록 깊은 맛이 나게 마련이다. 돗돔은 덩치가 커서 참치처럼 부위별로 색깔과 맛이 다양하다. 그래서 부위별로 회를 쳐서 함께 내놓는다. 흰 살에서 붉은 살까지 다양한 색깔의 돗돔 회를 먹어보면 맛이 다양하다. 그중에서도 턱살과 껍질이 가장 맛있는 부위이다.

회 외에도 돗돔 뼈로 우려낸 맑은 탕은 놓치면 후회할 것이다. 굵은 뼈를 고아낸 국물은 마치 소뼈를 고아낸 것처럼 걸쭉하며 진하다. 한 번 맛보면 풍미를 잊지 못할 정도로 진미라 하겠다.

4
지구 역사상
최대 헤비급 생명체, 고래

"물에서 헤엄치는 모든 피조물 가운데서 하느님께서 가장 크게 창조하신 바다의 괴물, 리바이어던⋯⋯" 밀턴의 《실락원》 중에서

P. 라스트만, 〈고래 뱃속에서 나오는 요나〉, 1621.

바다의 신사 고래는 아득한 옛날부터 인간의 상상력을 자극해 왔다. 거대한 몸집은 인간을 매료시키는 한편 공포와 경이의 대상이 되기도 했다. 그리하여 때로는 인간의 친구로, 때로는 야수로 묘사된 고래의 전설과 신화가 다양하게 전해져왔다.

대표적인 것이 성경에 나오는 요나(Jonah)이야기[1]나 리바이어던(Leviathan)[2] 이야기이다. 또 아일랜드 수도사 브랜던의 탐험기에도 고래가 등장한다. 가장 잘 알려진 이야기는 허먼 멜빌의 소설《모비 딕》일 것이다.

소설《모비 딕》과 영화《하트 오브 더 씨》는 실제 일어났던 포경선 에식스(Essex)호 침몰 사건을 토대로 만들어졌다. 1820년 가을, 남태평양의 한가운데서 고래잡이를 하던 포경선 에식스호는 성난 향고래의 공격을 받고 침몰했다. 살아남은 21명의 선원들은 3척의 보트에 몸을 싣고 장장 94일간 7,200km를 표류했다. 선원들은 거북과 사체를 먹으며 버티다가, 종국에는 제비뽑기로 동료를 잡아먹기에 이르렀다. 결국 21명중 8명만이 끝까지 살아남았다. 한때 포경선 선원이기도 했던 멜빌이 이 사건의 생존자로부터 구전하여 만든 소설이《모비 딕》이다.

신비한 습성과 생태를 지닌 다양한 고래

고래는 경이의 대상이며 신비한 습성과 생태를 가지고 있다. 고래는 허파로 호흡하며 돼지, 기린, 낙타 등 발가락이 짝수인 유제류[3]와 조상을 같이 한다. 수 백 만년 동안 진화를 거듭해 물고기의 외양이 되었고, 포유동물에서 볼 수 있는 귀, 남성 성기, 젖꼭지 등 돌출 부위는 몸속으로 들어갔다. 또한 물속에서 새끼를 낳는 유일한 포유류이다. 한편, 앞다리는 지느러미로 변하였고, 뒷다리는 수평의 꼬리로 변하였다. 육상 동물이 뛰는 형태와 유사하게 꼬리가 아닌 몸통을 움직여 헤엄친다. 또한 얼굴 전면에 위치했던 코는 등 위에 옮아가 붙어있어, 물속에서 숨쉬기가 쉽다.

고래는 보통 수염 고래와 이빨 고래로 분류된다. 수염 고래는 이빨대신 입안에 수

1. 요나이야기
구약성서 《요나》서의 주인공. 요나는 바닷속에 던져져 큰 물고기 뱃속에서 3일간을 지내다가 기적적으로 되살아난다.

2. 리바이어던이야기
구약성서 《욥기》에 나오는 무서운 바다괴물의 이름을 말한다.

3. 유제류
포유류 중에서 발끝에 발굽이 있는 동물을 말한다

염이 있다. 수염은 위쪽 잇몸이 각질화하여 유연한 띠 모양으로 발달한 기관이다. 이들은 물과 함께 플랑크톤이나 작은 어류를 흡입한 후 혀를 닫아 물은 내보내고 나머지를 수염으로 걸러 먹는다. 수염 고래는 대왕 고래(blue whale), 참 고래(fin whale)와 같이 대형종이 대부분이다.

반면 이빨을 가진 고래는 원추형의 이빨로 물고기를 잡아먹는다. 그래서 몸집이 상대적으로 작고 빨리 헤엄친다. 수염 고래의 분수공이 두 개인 반면 이빨고래의 분수공은 한 개뿐이다. 이빨 고래에는 향고래(sperm whale), 범고래(killer whale), 각종 돌고래 등 60종 이상이 있다.

고래는 저마다 특이하고 신비한 습성이 있다. 사람보다 작은 고래 바퀴타, 거대한 대왕고래, 다른 고래를 잡아먹는 범고래, 북극의 유니콘 일각고래, 눈처럼 새하얀 흰 고래, 처녀를 유혹하는 전설의 분홍 강돌고래 ……

이들은 인간의 상상을 뛰어넘는 신비함과 경이로움을 지닌 존재들이다. 45억년

향유고래. 〈이미지=Pixabay〉   일각고래. 〈이미지=123RF〉

지구역사상 가장 큰 생명체인 대왕고래는 길이 33m, 200톤에 육박한다. 코끼리 40마리, 성인 2,667명에 해당하는 몸무게이다. 수염만 1톤이며, 혀의 무게가 하마와 비슷한 2.5톤이다. 심장은 소형 자동차만 하고, 눈 크기가 농구공만 하다. 새끼는 첫 7개월 동안 매일 90kg씩 늘어날 만큼 빠르게 성장한다.

'바다의 늑대'로 불리는 범고래는 바다에서 최강의 포식자이다. 이들은 높은 지능을 지니고 있고, 최대 시속 55km로 헤엄칠 수 있는 능력이 있다. 주로 집단으로 몰려다니며 기발한 사냥법을 선보인다. 물에서 모래시장으로 돌진하여 물개를 사냥하기도 하고, 여러 마리가 파도를 일으켜 얼음 위에 있는 물범을 물속으로 떨어뜨린 후 잡아먹기도 한다. 또한 다른 고래를 집단으로 공격하는데, 자기보다 큰 고래 위로 올라타 등을 짓눌러 익사시킨다. 또 꼬리를 이용하여 먹이인 바다사자를 하늘 높이 던지며 노는 것으로도 유명하다.

범고래. 〈이미지=Pixabay〉

대왕고래. 〈이미지=123RF〉

4. **용연향**
수컷 향유고래가
먹은 먹이 중에서
소화되지 않은 부
분이 돌처럼 굳어
형성되며 고급 향
수의 재료로 사용
된다.

향고래는 《모비 딕》에 등장하는 고래다. 향고래는 미국 포경업의 황금시대를 열었던 주인공이다. 그 이유는 향고래의 거대한 머리에 경랍 기관이 있어, 그 안에 기름이 가득하기 때문이었다. 이 기름은 양질의 양초 재료로서 비싸게 팔렸다. 게다가 향고래 수컷의 내장에서만 발견되는 용연향(ambergris)[4]은 최고급 향수 원료로서, 동일한 무게의 금과 맞먹는 가치가 있었다. 요즘도 해변가를 산책하던 관광객이 우연히 돌덩이처럼 생긴 용현향을 발견하여 횡재를 했다는 뉴스를 가끔 볼 수 있다.

북극에 서식하는 일각고래 수컷은 머리에 유니콘의 뿔이 달렸다. 어금니가 비정상적인 크기로 자란 것인데, 과거 금값보다 훨씬 비싸게 팔린 사치품이었다. 이것은 얼음을 뚫거나 먹이를 찌르고 의사소통하는 용도로 사용된다. 때로는 암컷을 두고 칼싸움하듯이 부딪치며 휘두르기도 한다. 북극의 얼음 사이 수면위로 외뿔을 들어 올리고 헤엄치는 일각고래 무리를 보면, 이 세상에 존재하지 않는 생명체인 듯한 느낌이 든다.

먼 옛날부터 고래를 사냥해 온 인류

5. **우미악**
나무로 만든 배에
바다코끼리 등의
가죽을 덮어씌운
이누이트족의 배를
말한다.

한편 인간은 오랫동안 고래를 사냥해 왔다. 처음에는 우연히 해변가에 좌초된 고래를 발견해 이용했지만, 점차 사냥에 나섰다. 북극점 가까이에 사는 이누이트족은 옛날부터 고래를 사냥했고, 지금도 사냥하고 있다. 이들은 7~8인이 탈 수 있는 '우미악(umiak)'[5]이라는 배를 나눠 타고 북극의 얼음 바다를 누비며 작살을 던졌다. 울산 반구대 암각화에 그려진 고래잡이 배도 우미악으로 추정하고 있다. 사냥한 고래 고기는 식량으로, 기름은 불을 밝히는 용도로, 뼈는 집을 짓거나 사냥도구로 이용하였다.

최초로 상업적인 고래잡이를 시작했던 사람들은 9세기 바스크인[6]이었다. 이들은 프랑스와 스페인 사이 비스케이만에서 고래를 잡았다. 가을이 되면 바다가 잘 보이는 언덕에 설치된 망루에 감시원을 배치했다. 고래를 발견하면 종을 울리거나 불을 피워 이 사실을 알리고, 곧 바로 10명이 승선한 작은 배를 띄워 고래를 추적하기 시작했다. 고래에 접근하면 부표가 달린 작살을 수없이 던져 고래를 죽여 해안으로 끌고 왔다. 고래 고기, 지방, 수염 등은 스페인과 프랑스로 팔려나갔고, 이로 인해 빌바오 등 해안도시는 활황을 이루었다.

6. **바스크인**
스페인과 프랑스 경계인 피레네 산맥 주위에 거주하는 민족으로 유럽인과 계통이 다르고 독특한 문화를 가졌다.

19세기말 미국 뉴잉글랜드의 참고래 포경 장면 모습.

17세기 이후 네덜란드, 노르웨이, 영국이 고래잡이 경쟁에 뛰어들었다. 이들은 바스크인 작살 잡이를 고용하여 노르웨이 해, 그린란드 해, 북극 해를 누볐다. 얼음이 뒤 덥인 황량한 스발바르 제도에 최초로 포경기지가 세워지고 사람들로 북적였다. 1630년대 이곳은 300척 가량의 포경선과 만 명이 넘는 선원이 북적였다. 고래 기름은 다양한 용도로 사용되었고 비싸게 팔려 나갔다.

고래를 잡고 해체하여 고래 기름을 얻는 과정은 이랬다. 노를 젓는 작은 배로 고래를 잡으면, 모선 옆에 결박하고 수면에서 해체했다. 이후 사각형 모양으로 잘라 낸 지방을 밧줄에 묶어 배 위로 올린 후 쇠솥에 넣고 녹였다. 녹인 지방은 액체의 기름 상태로 나무통에 저장했다. 부산물 중에 고래 수염은 코르셋을 만드는 재료로 쓰였지만, 고래 고기와 뼈는 바다에 그대로 버려졌다.

17세기 말부터는 영국 식민지였던 미국의 뉴잉글랜드에서 포경이 시작되었다. 처음에는 바스크인 방식으로 연안에서 수염고래나 북극고래를 잡았다. 그러다가 1712년 포경선 한 척이 돌풍을 만나 해안에서 멀어졌다가 우연히 향고래 떼를 만났다. 그때까지도 이빨이 있고 떼를 지어 다니는 향고래는 두려움의 대상이어서 잡을 생각을 하지 못했다. 하지만 그 배가 한 마리를 잡아오면서 향고래가 품질 좋은 기름을 다량 갖고 있다는 사실이 알려졌다. 이것은 포경의 극적인 전환점이 되었다.

1790년부터 미국의 포경선은 이제 혼곶을 돌아 태평양까지 진출했다. 1835년부터 6년 동안 미국에는 포경선이 203척에서 421척으로 늘어났으며, 30곳이 넘는 포경 항이 있었다. 세계 최대 포경의 전진기지였던 뉴 잉글랜드 낸터킷항과 뉴 베드퍼드 항은 포경선과 고래처리 공장으로 가득했다.

황금알을 낳는 산업으로 변신한 고래잡이

19세기 미국의 포경은 이제 거대한 산업으로 발전했다. 인류가 석탄과 석유를 사용하기 전이었던 당시 포경산업은 황금알을 낳는 거위였다. 미국의 페리 제독이 흑선을 이끌고 일본을 개항시켰던 이유도 포경선의 중간 보급기지를 만들어 미국 포경산업을 지원하려는 의도였다.

1864년 물범 사냥꾼이었던 노르웨이 스벤드 포윈이 모선에서 포를 쏘아 고래를 공격할 수 있는 작살포를 발명하였다. 작살이 고래의 살에 박히면 작살 끝이 별모양으로 펼쳐졌다. 이 때 황산을 채운 작은 유리병이 깨지면서 화약에 불이 붙고, 그것이 폭발함으로써 고래는 치명상을 입었다.

그 이전까지는 모선에서 띄운 작은 배를 타고 고래를 뒤쫓아 사람이 작살을 꽂는 방식이었다. 이제 대왕고래와 참고래처럼 크고 빠른 고래들도 포획 대상에 포함되었다. 죽은 후 가라앉는 고래도 작살에 연결된 줄을 당기면 쉽게 인양할 수가 있었다. 파도치는 수면위에서 고래를 해체할 필요도 없었다. 그의 발명은 고래잡이 기술의 혁신을 일으켜 포경의 산업화 시대를 열었지만, 상대적으로 빠르게 헤엄치는 대형종을 멸종위기로 내몰았다.

20세기에 접어들면서 고래들의 고향인 남극 바다에는 포경포를 갖춘 포경선과 거대한 가공선이 가득하게 되었다. 이들 움직이는 고래 공장이었다. 한 해에만 350척의 포경선과 23척의 가공선이 대왕고래 372마리, 혹등고래 318마리, 참고래 1만 9천 마리, 보리고래 1만 3천 마리, 향고래 2만 9천 마리를 잡았다는 기록이 있다. 이런 학살은 수 십 년간 계속되었고, 결국 상업 포경의 경제적 이윤이 바닥에 이르렀다.

오늘날도 인간의 탐욕 속에 죽어가는 생명체

7 **국제포경위원회
(IWC)**
적절한 고래수 관
리를 위해 1946년
포경업자가 모여
만든 국제조직으로
1986년부터 전면
적으로 고래잡이를
금지시켰다.

이처럼 고래잡이의 경제성이 사라지자 포경국들은 선심 쓰듯 개체수를 논하기 시작하였다. 1946년 19개 포경국이 모여 국제포경위원회(IWC)[7]를 창설하였다. 고래새끼 보호, 포획 수 제한, 멸종 위기종의 포획 금지 등을 논의하였지만, 위원회 결정을 강제할 수단이 없었다. 애초부터 위원회 회원국은 대부분 포경국이었다. 고양이에게 생선을 맡긴 꼴이었다. 회원국의 진정한 관심은 고래 생태나 보존이 아니라, 상업포경 재개를 위한 적정 개체수를 관리하는 것이다. 위원회는 초기에 고래자원을 감안하여 전체 포획량을 정하였다. 그러다 고래수가 더 줄자 특정 해역에서 특정 종 포획을 금지하는 방식으로 바뀌었고, 1986년부터는 포경이 전면적으로 금지되었다.

그러나 고래를 먹는 문화가 있는 국가들은 오늘날도 상업포경 재개를 주장하고 있다. 일본, 노르웨이, 아일랜드가 그렇다. 일본과 아일랜드는 과학적 조사를 위한 포경을 계속하고 있다. 일본은 2018년에만 조사를 핑계로 333마리를 포획하였다.

사람들은 과학적 조사 차원의 포경을 고래 보호를 위한 생태조사 쯤으로 인식하기 쉽다. 하지만 이것은 상업포경 재개를 위해 개체 수 조사를 하는 것일뿐, 생태 조사와는 거리가 멀다. 살아있는 자연 상태에서 조사가 가능하지만 굳이 포획하는 이유는 불문가지다.

일본은 2018년 12월 국제포경위원회를 공식 탈퇴했다. 그리고 2019년 7월 1일부터 31년 만에 상업포경을 재개했다. 전통적인 고래잡이 항구인 홋카이도 구시로나 야마구치현 시모노세키에서는 포경을 축하하는 출항식까지 열렸다.

우리나라에서는 울산을 중심으로 발달했던 포경이 1985년 11월부터 전면 금지되었지만, 고래를 먹는 식문화는 남아있다. 혼획[8]이나 좌초[9]된 고래는 해양경찰의 유통증명을 받아 합법적으로 유통할 수 있다. 하지만 수요는 많은 반면 공급이 제한되자, 고래 고기 가격이 폭등하였다. 한 마리에 수 천 만원에 팔리는 고래를 어민들은 '바다의 로또'라 부른다. 이러자 은밀하고 불법적인 포획도 기승을 부리고 있다.

소설《모비딕》은 한쪽 다리를 앗아간 교활하고 포악한 고래를 죽이려는 불굴의 인간 의지를 표현하고 있다. 이와 동시에 자신의 욕망을 위해 평화롭게 살아가는 고래를 죽이는 인간을 비꼬는 메타포도 담겨있다. 죽어가면서까지 고래를 공격하는 에이허브 선장이 인간의 끝없는 탐욕을 보여줬다면, 모비 딕은 생존을 위한 최소한의 몸부림으로 파쿼드호를 공격했다.

8. 혼획
다른 고기를 잡으려 쳐놓은 그물에 고래가 걸려 죽은 경우를 말한다.

9. 좌초
고래가 죽어서 해변에 밀려오는 것을 말한다.

일본 나가사키현 고토시 해안의 포경 장면. 〈가츠시카 호쿠사이, 1830〉

오늘날 고래 기름은 이미 석유로 대체되었고, 고기를 얻기 위해 많은 소나 돼지를 기르고 있다. 하지만 우리나라에 고래 고기를 즐기는 축제가 해마다 열리고 있고, 일본은 식용으로 수많은 고래를 잡고 있다. 고래 기름의 상업적 가치가 사라진 시대에 단지 미각의 즐거움만을 위해 경이롭고 신비한 생명체를 죽일 필요가 있을까?

5
'날고 걷고 나무에 오르고'
상식을 뛰어넘는 물고기들

우리가 가진 상식 수준의 물고기는 이렇다. 비늘을 가지고 있다. 지느러미를 지니고 있다. 유선형 형태이다. 아가미로 호흡한다. 부레를 가지고 있다. 주변 온도에 따라 체온이 변한다. 즉, 물고기라는 척추동물을 인식하는 기준은 비늘, 지느러미, 유

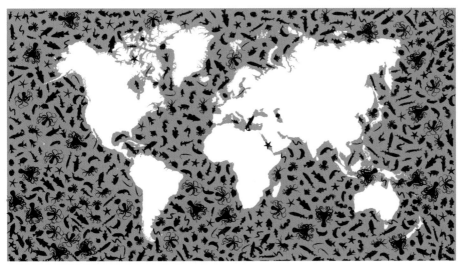

지구는 '물고기 행성(fish planet)'이라 불러 마땅해보인다. 〈이미지=Pixabay〉

선형, 아가미, 변온 등의 단어로 표현될 수 있다.

그런데 바다 속에는 정해진 틀을 뛰어넘는 물고기가 많이 있다. 예컨대 이런 것은 어떤가? 헤엄쳐야 할 물고기가 날거나 걷는다. 아가미로 숨을 쉬어야 할 물고기가 공기로 호흡을 한다. 변온성 물고기가 주위 기온과 관계없이 일정 체온을 유지한다. 번식을 위해서 암수 성별을 임의로 바꾼다.

물고기는 생물학적으로 경골 어류, 연골 어류, 무악류로 나뉜다. 전체 482과, 32,100종에 이른다. 이는 양서류, 파충류, 조류, 포유류를 다 합친 것보다 많다. 이처럼 지구상 척추동물의 60%를 물고기가 차지하는 것을 생각한다면, 지구를 '물고기 행성(fish planet)'이라 불러 마땅해 보인다.

이렇듯 많은 물고기 중에는 인간의 상식으로는 이해할 수 없는 불가사의하고 신비한 생태를 가지고 있는 경우가 있다. 바다는 우리가 속단할 수 없는 미지의 영역을 품고 있고 일부 물고기도 여기에 해당한다. 이제 희한하고 엽기적인 습성을 가진 몇몇 물고기의 생태를 알아보자.

날고 걷고 공기로 숨쉬고, 물고기가 맞아?

1. 피라루쿠
세계 최대의 담수어로, 몸길이는 3~5m, 몸무게는 200kg에 달하며 아마존강 유역에 서식한다.

먼저 상식을 뛰어넘는 방법으로 호흡을 하는 경우다. 보통 물고기는 아가미로 호흡한다. 아가미에 물을 통과시켜 물에 녹아있는 산소를 얻는다. 물고기 중에는 이러한 호흡체계를 따르지 않는 이단아가 있다. 남미 아마존강에는 5m까지 자라는 최대의 담수어 피라루쿠(pirarucu)[1]가 있다. 꼬리 끝까지 붉은 색으로 빛나는 이 고대어는 고래가 숨을 쉬듯 자주 물 밖으로 머리를 내밀었다 물속으로 들어간다. 그때 입으로 공기를 마신 뒤 목 뒤의 부레에 저장하여 사용한다.

페어(lungfish). 〈이미지=123RF〉

화석어로 불리우는 페어(lungfish)[2]도 허파 호흡을 한다. 평소 아프리카 호수에서 생활하는 페어는 건기가 되면 바싹 마른 호수 밑바닥 땅을 파고 들어간다. 그리고 스스로 뱉어낸 점액질로 마치 고치처럼 집을 지어 수분을 유지시킨다. 그곳으로부터 땅으로 이어지는 가느다란 숨구멍을 내고 우기까지 1년 이상을 버틴다.

물고기는 헤엄친다는 상식을 깨는 경우도 있다. 날치는 포식자에 쫓기면 수 미터 이상 공중으로 비행할 수 있다. 수면을 전속력으로 헤엄치다가 상체를 일으켜 꼬리로 수면을 타듯이 뛰어 오른다. 그리고 발달된 가슴 지느러미를 활짝 펴고 글라이드처럼 활강한다. 이런 식으로 수 백 미터를 날아가기도 한다.

짱뚱어라 불리우는 말뚝망둑어는 지느러미를 이용해 갯벌을 걷거나 펄쩍 펄쩍 뛰기도 하는데, 피부로 호흡을 할 수 있는 기능을 갖추고 있어 육지생활을 더 좋아한다. 심지어 나무를 오르는 물고기도 있다. 열대 지방 습지에 사는 등목어(climbing perch)[3]는 아가미뚜껑과 지느러미를 이용해 나무를 기어올라 벌레를 잡아먹는다.

물고기는 변온 동물이라는 상식을 무시하는 경우도 있다. 변온 동물에 있어 체온 조절은 생존에 중요한 문제이다. 체온이 너무 떨어지면 움직임이 둔해져 먹이활동을 할 수 없다. 백상아리나 참다랑어처럼 유영 속도가 빠른 일 부 물고기는 체온을 주변 온도보다 높게 유지할 수 있다. 이들은 혈관이나 근육 배치가 특수한데, 이를 이용해 꼬리 왕복 운동에서 발생한 열에너지를 붙잡아 혈액에 재공급한다. 이로서 수온보다 높게 체온을 유지하고 빠른 속도로 헤엄칠 수 있다.

2. **페어**
아가미 외에 부레가 호흡기로서 발달한 열대 지방의 담수어로 몸길이가 1~1.8m가량의 고대 어류이다.

3. **등목어**
등목어과의 민물고기. 몸의 길이는 25cm 정도이며 흑색 바탕에 얼룩점이 흩어져 있고 붉은색 또는 붉은빛을 띤 황색 띠가 있다.

시력에 의존하여 사냥하는 새치류도 체온을 조절한다. 이들은 깊고 어두운 바다 속에서 먹이를 포착하고 추적해야 하므로 시력 자체가 생존과 직결된다. 그리하여 근육 활동에서 얻은 따뜻한 혈액을 눈 주위로 집중시켜 강력한 시력을 유지한다.

스스로 성형 수술, 성전환 수술까지

물고기 중에는 수술 칼이 없이도 단기간에 성형 수술을 하는 경우도 있다. 흔히 광어와 도다리를 구분할 때 좌광우도((左광右도)라고 한다. 두 눈이 한쪽으로 몰려 있는 것을 구분하기 위해 회자되는 말이다. 이들은 치어일 때 다른 물고기처럼 양쪽 면에 각각 눈이 있다. 성어기가 되면서 어느 한쪽 눈이 반대쪽으로 돌아가기 시작한 다. 그런데 강도다리 종류는 눈이 완전히 이동하는데 5일 밖에 걸리지 않고, 심지어 하루 만에 끝나는 경우도 있다고 한다. 수술 없이도 자연의 힘으로 무료 성형시술을 단시간에 완성하는 경우다.

눈이 왼쪽으로 쏠려 있는 광어. 도다리는 이와 반대로 오른쪽에 몰려 있다. 〈이미지=Pixabay〉

또 이들은 한쪽 얼굴에 붙은 두 눈을 카멜레온처럼 독립적으로 움직이며 주변의 정보를 모은다. 한 눈이 먼 곳의 포식자를 감시하는 순간에도 다른 눈으로 가까이 있는 먹이를 쫓는 것이다. 마치 손에 책을 들고 TV를 보는 격인데, 인간도 동시에 볼 수는 있지만, 입력되는 정보를 뇌가 동시에 처리하는 것은 불가능하다. 하지만 이들은 동시에 뇌에 들어오는 별개의 정보를 처리하는 놀라운 능력을 가지고 있다.

애니매이션
《니모를 찾아서》의
모티프인 흰동가리.
〈이미지=123RF〉

바다에는 임의로 성전환을 하는 물고기도 있다. 이유는 밝혀지지 않았으나 이들 중 대부분은 산호초 숲에 사는 물고기라고 한다. 흰동가리는 번식을 하는 힘센 암컷 세력권 아래 여러 수컷이 생활한다. 그러다 암컷이 죽으면 큰 수컷이 암컷으로 변해 집단을 이끈다. 애니메이션 영화 《니모를 찾아서》[4]에는 흰동가리 니모의 혼자 사는 아빠인 말린이 아들을 구하기 위해 모험을 떠나는 이야기가 나온다. 하지만 현실에서라면 아내를 잃은 후 말린은 곧 니모의 아빠에서 엄마로 변신해 니모를 헷갈리게 했을지도 모를 일이다.

반대로 암컷에서 수컷으로 성전환하는 경우도 있다. 카리브해에 서식하는 산호초 놀래미는 난소가 정소로 완전히 다시 형성되는 유일한 종으로 알려져 있다. 이들은 무리를 지어 생활하는데 대부분 암컷이다. 무리를 이끌던 수컷이 사라지면 무리에서 가장 몸집이 큰 암컷이 수컷으로 바뀐다. 암컷은 단 몇 분만에 수컷 행동을 보이며, 10일이 지나면 난소가 정소로 바뀐다.

물고기의 성전환은 한 몸에 암컷과 수컷의 성선이 모두 갖추고 있으면서 필요 시한 쪽이 크게 성장하는 방식이다. 유전자 스위치를 전등처럼 자유롭게 켰다 껐다 하

4. **니모를 찾아서**
인간에게 잡혀 수족관에 갇히게 된 아들 물고기 니모를 찾아 떠나는 아빠 말린의 모험을 그린 애니메이션 영화이다.

는 것이다. 이런 식으로 성전환을 하는 물고기는 무려 500종에 이른다고 한다.

새끼들을 위해서라면 무엇이든 다 한다

5. **스프레잉 카라신**
아마존강 유역에서
서식하고 몸길이
8cm 가량이며 물
위로 자라는 수초
잎 뒷면에 산란을
한다.

특이한 번식법으로 애어가들의 관심을 집중시키는 물고기도 있다. 남미 아마존강에 스프레잉 카라신(spraying Characin)[5]이라는 붕어처럼 생긴 작은 물고기가 있다. 이들은 물 속에 알을 낳지 않고 공중에 매달린 나뭇잎에 산란을 한다. 암수 한 쌍은 수면 아래 수직으로 있다가 동시에 점프를 한다. 몸이 나뭇잎에 닿는 순간 그 위를 구르며 알과 정자를 뿌리고 물로 떨어진다.

몇 번을 이런 식으로 하며 알을 잎 표면에 붙인다. 말 그대로 높이뛰기를 하면서 알을 낳는 것이다. 이후 수컷은 2~3일 동안 알이 말라붙지 않도록 1분마다 꼬리를 쳐서 알에 물을 뿌려준다니 정성을 헤아리기 힘들 정도다.

이처럼 온 몸을 던져 산란과 부화를 하는 물고기가 있는가 하면, 극도의 인내와 자제력으로 새끼를 키우는 경우도 있다. 물 속은 곳곳에 포식자가 돌아다니는 위험한 공간이다. 어미 물고기는 다양한 방법으로 새끼의 생존율을 높이려 고민하는데, 구강포란이라는 방법도 있다. 이 방면의 일인자는 시클리드(Cichlid)라는 작은 물고기이다.

이들은 새끼들을 입 안에 넣고 돌아다니며 양육하는 방법을 쓴다. 물 속에 새끼들을 풀어놓고 있다가, 위험이 닥치면 아비의 위험신호에 따라 일제히 모이고 입 안으로 삼킨다. 아비는 새끼가 입안에 있는 동안 먹이를 먹지 않는데, 한 달 이상 지속되기도 한다. 더구나 새끼들을 먹일 먹이는 입으로 집어넣지만 아비의 목구멍으로는 삼키지 않는다니 놀라운 자제력이 필요해 보인다.

치어를 입안에 넣고 있는 시클리드. 이를 구강포란이라고 한다.
〈이미지=M.밀러〉

흔히 물고기 기억력은 3초라고 말한다. 3초 전에 물었던 미끼를 다시 먹을 만큼 아둔하고 어리석다는 의미로 통용된다. 하지만 살펴보았듯이 물고기는 진취적이고 다재다능하며 탄력적인 존재이다. 이들은 걷고 뛰고 난다. 이들은 공기로 호흡하고 체온을 조절하며 성형수술도 한다. 이들은 성별을 바꾸며 기발하게 새끼를 키운다.

물고기가 걷고 날고 육지에 올라오고 하는 행동은 일응 엽기적인 행동으로 보일 수 있다. 하지만 우리가 '엽기적'이라고 하는 표현은 인간의 관점에 그렇다는 것이다. 우리가 아는 상식은 인간이 만들어낸 상식이다. 물고기 입장에서 보면 이 엽기적이고 비상식적 생태가 생존을 위해 환경에 적응한 불가피하고 당연한 결과이다. 이 모든 행동이나 생태는 '생존과 번식'이라는 자연의 섭리에 가장 효율적으로 적응한 성과이다.

'생존과 번식'이라는 관점에서 볼 때 지구상의 모든 생물에게 비상식이나 엽기는 있을 수 없다. 인간도 예외는 아니다.

6
상상 그 이상의 세계, 바다의 어두운 바닥 심해

어둡고 춥고 깊은 곳, 심해

"열 길 물속은 알아도 한 길 사람 속은 모른다"는 속담이 있다. 사람의 진실한 생각을 알기가 그만큼 어렵다는 말이다. 하지만 물속도 마찬가지다. 열 길, 백 길이라면 모르겠지만, 수 km 이르는 깊이라면 얘기가 달라진다. 인간이 맨 몸으로 잠수할 수 있는 수심은 그리 깊지 않다. 아주 깊은 바다는 대부분 인간의 손길이 닿지 않았다.

심해가 어떤 형태로 형성되어 있는지 추측하기는 쉽지 않다. 헬기를 타고 미국 서부를 날아간다고 상상해보자. 발 아래로 다양한 지형이 펼쳐질 것이다. 라스베이거스 사막을 지나, 그랜드캐년 계곡을 선회한 후, 높은 록키 산맥을 지나면 평평한 초원이 펼쳐질 것이다. 바다 아래도 마찬가지이다. 심해도 육지처럼 높은 산, 넓은 강, 깊은 계곡, 평평한 평원 등 다양한 지형이 있다.

마리아나 해구. 〈이미지=123RF〉

　그 중 대부분은 깊고 넓은 평원 모양의 해저 바닥 지형이 자리 잡고 있다. 평원이 펼쳐지다가 길고 좁은 산맥 모양의 솟아오른 부분을 해령이라 한다. 반대로 길고 깊게 움푹 패인 요지(凹地)를 해구라 한다. 육지로 치면 해령은 산맥에 해당하고, 해구는 계곡에 해당한다. 이러한 지형은 해저 지각판이 다른 지각판 아래로 밀려들어 가기도 하고 충돌하기도 하는 과정에서 형성되었다.

　바다의 평균 수심은 3.8km로서, 지구 생명이 살 수 있는 공간의 대부분을 차지한다. 그중 85% 이상은 어둠에 잠겨있는 심해이다. 빛이 없는 깊은 바다를 심해(abyss)[1]라 한다. 1km 깊이 중층대까지는 아주 약한 빛이 있지만, 그 아래는 영구적으로 빛이 없다. 지금까지 알려진 가장 깊은 곳은 필리핀 해 마리아나 해구의 비티아즈 해연으로서 11,034m 깊이다. 에베레스트 산을 거꾸로 집어넣어도 바닥까지 2km 이상 남는 깊이다.

1. **심해**
바다는 표면으로부터 200m까지를 표층대로, 200~1,000m를 중층대, 1,000m 아래를 심층대로 나눌 수 있는데, 중층대 이하를 심해로 부른다.

인간이 직접 빛이 없는 심해까지 내려가기 시작한 것은 20세기 이후였다. 1934년 케이블에 달린 잠수구를 타고 900m 심해를 탐험했다. 1954년에 케이블로 연결되어 있지 않은 잠수구를 타고 4,000m까지 내려갔다. 이 기구는 일종의 수중 엘리베이터 였는데, 위 아래로만 움직일 수 있었다. 그 후 1960년 마리아나 해구 10,916m까지 내려갔는데, 이 기록은 오늘날도 깨지지 않고 있다. 영화 ≪타이타닉≫의 제작자 제임스 캐머런 감독은 2012년 깊이 10,898m에 달하는 마리아나 해구의 심해 탐사에 성공하기도 했다.

잠수정 앨빈호.

1964년 이동하면서 탐사할 수 있는 잠수정 앨빈호[2]가 최초로 잠수하였다. 비로소 진정한 의미의 해양탐사 시대가 열렸다. 하지만 아직도 인류는 심해의 1%도 탐사하지 못했다. 달 표면을 밟았던 사람은 열 명이 넘지만, 지구 가장 깊은 곳까지 내려가 본 사람은 단 세 명뿐이다.

심해는 어둡고 춥고 조용한 3차원 공간이 끝없이 펼쳐져 있는 세계다. 그래서 얕은 바다와는 생태 환경이 전혀 다르다. 우선 빛이 거의 없어 광합성을 기반으로 한 에너지 생산이 불가능하다. 따라서 해조류나 식물성 플랑크톤은 없다. 또 수심으로 인해 엄청난 압력이 짓누른다. 수백에서 수천 기압에 이른다. 심해는 매우 추운데, 마치 냉장실처럼 1~4도의 저온을 일정하게 유지한다. 수면을 중심으로 만들어지는 조류나 파도도 그곳에는 거의 없다.

그렇지만 이곳도 생명체로 가득한 풍요로운 세계다. 이들은 심해의 환경에 적응하여 마치 외계인 같은 괴기한 모습으로 깊고 어두운 아래에서 살아가고 있다. 그렇다면 극한의 환경에서 살아가는 심해 생명체는 어떤 존재들일까? 심해에 적응한 생물은 여러 면에서 독특한 특징을 지니고 있다. 몸이 작고, 활동성이 낮으며, 성장이 느리고, 수명이 길다. 또 성숙이 느리며, 임신기간이 길다. 한편, 서식 밀도가 매우 낮아 먹이를 찾고 포식자를 피하며, 짝짓기 상대를 찾는 것이 쉽지 않다.

오랫동안 심해는 생명체가 살지 않는 곳으로 인식되었다. 하지만 1870년대 저인망으로 바다 깊은 곳을 훑어 올린 과학자들은 깜짝 놀랐다. 그물에 올라온 것은 4천종이 넘는 새로운 생물이었다. 이후 1970년대 과학자들은 잠수정을 타고 내려가 해저 온천인 열수분출공[3]을 발견했다. 수십 미터 높이의 굴뚝에서 분출되는 온천물은 350도였다. 고온의 물이 있는 굴뚝 근처에는 조개, 홍합, 달팽이, 새우, 게, 관벌레가 번성하고 있었다. 더구나 여기 있는 박테리아가 황화수소를 사용하여 당을 합성했는데, 햇볕이나 산소 없이 영양분을 만드는 곳은 이곳이 유일하다.

3. **열수분출공**
지구 지하에서 뜨거운 물이 솟아 나오는 구멍으로 육상과 해저에 모두 존재하며, 해저의 열수 분출공은 1977년에 해저 탐사선인 앨빈호에 의하여 처음으로 탐사되었다.

어둠속에서 숨바꼭질하며 살아남기

심해 생명체가 종종 죽은 채 바닷가에서 발견되는 경우가 있다. 하지만 형체가 망가져 있어 살아있을 때 모습을 알 길이 없다. 혹시 그물로 살아있는 상태로 끌어올려도 올라오는 과정에서 압력 차이로 뭉그러져 버린다. 더구나 수족관에서 그들을 볼 기회는 없다. 수족관을 심해와 같이 높은 압력, 낮은 온도, 어두운 환경으로 만들 수 없기 때문이다. 그것은 마치 인간이 심해에 맨 몸으로 들어간다면 온몸이 찌그러져 형체를 알아볼 수 없는 것과 같은 이치다.

유리문어.

이제부터 소개하는 심해 생명체는 이름부터 생소할 것이다. 이들을 눈으로 본 경험은 없을 것이고, 심지어 책에서조차 본 적이 드물 것이다. 그것은 어찌 보면 자연스러운 현상이다. 우리에게 익숙한 바다 생물은 대부분 얕은 곳에 사는 생물이기 때문이다. 심해는 광대하고 숨을 곳이 없다. 또 생물체 밀도가 낮고 어둡기 때문에 먹이를 찾기가 힘들다. 심해 생물은 이러한 환경에서 살아남기 위해 기발한 생존 전략을 만들었다.

우선 심해에서는 포식자를 속이는 위장술이 필수적이다. 심해는 희미한 빛이 내려오는 위쪽이 밝고 아래쪽이 어둡다. 그래서 포식자는 아래쪽에서 위쪽을 보면서 먹이를 사냥하게 된다. 이때 포식자의 눈에 띄지 않도록 다양한 위장술을 동원한다.

예컨대, 유리문어(Glass octopus)는 온몸이 유리처럼 투명한 형태여서 눈에 띄지 않는다. 검정 해파리(Black jellyfish)는 어둠 속에서 자신의 몸으로 미약한 빛을 모두 흡수해버리는데, 포식자는 해파리와 검은 배경을 구별할 수 없게 된다. 또 앨퉁이를 비롯한 일부 어류는 몸체 측면에 거울처럼 기능하는 색소를 가지고 있다. 그래서 측면에서 포식자가 접근하면 앨퉁이로부터 반사된 반사광으로 인해 먹이를 볼 수 없게 된다.

4. 발광기관
심해는 빛이 없거나 희미하기 때문에 심해저 생물의 몸에서 빛을 내는 기관을 이용하여 위장하거나 먹이를 잡는다.

발광기관[4]을 이용해 위장하거나 먹이를 잡기도 한다. 심해 생명체 대부분은 발광기관을 가지고 있다. 아귀류(Angler fish)는 빛으로 먹이를 유인하는 것으로 유명하다. 이들은 머리 위에서 뻗어 나온 낚시대 끝 발광 미끼를 살아있는 듯 흔들어 댄다.

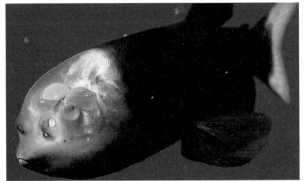
통안어.

흡혈오징어.

이를 먹이로 알고 접근한 물고기는 아귀의 거대한 입으로 빨려 들어간다. 그야말로 심해의 강태공이라 할 수 있다.

이리덫아귀(Wolftrap angler)는 날카로운 이빨 안쪽에 조명등을 밝히고 있다. 불쌍한 먹이감은 불빛에 이끌려 제 발로 입안까지 들어와 먹힌다. 일부 심해오징어는 발광기관을 도망치는데 사용한다. 이들은 표면의 친척들이 사용하는 먹물 대신에, 발광성 물질을 분사한 후 혼란한 틈에 달아난다.

극단적인 방법으로 살아가는 경우도 있다. 문어와 오징어의 특징을 모두 가진 지옥에서 온 흡혈오징어(Vampire squid)는 극산소층에서 지속적으로 살 수 있다. 이런 곳은 수면 공기에서 얻는 산소량의 5% 밖에 없어, 다른 동물은 살기 어려운 환경이다. 통안어(Binocular fish)는 머릿속이 투명하여 훤히 들여다보인다. 그 중심에 초록색 구슬처럼 생긴 눈을 가지고 있다. 그 눈으로 희미한 빛을 이용하여 위쪽을 보면서 먹이를 찾는다. 이후 위를 향하고 있는 눈을 앞쪽으로 굴려 먹이를 잡아먹는다. 투명한 머리를 통해 같은 자세에서 위쪽과 앞쪽을 볼 수 있으니, 마치 영화에 나오는 우주 생명체처럼 보인다.

잡아먹지 못하면 내가 굶어 죽는다

　육상 먹이 사슬이 식물에 의존하듯이, 바다 먹이 사슬도 광합성을 하는 식물성 플랑크톤에 의존한다. 식물성 플랑크톤, 동물성 플랑크톤, 물고기는 고리로 연결되어 순차적으로 잡아먹는다. 그런데 심해는 식물성 플랑크톤이 살 수 없으므로 심해 생태계는 표층에서 생산된 것에 의존할 수 밖에 없다. 먹이를 표층에서 떨어지는 부스러기나 사체에 의존한다.

　해가 지는 저녁 심해 생물체는 심해로부터 헤엄쳐 표층으로 올라간다. 그리고 아침 해가 뜨기 전에 어둠의 세계로 돌아간다. 이를 '수직 회유'라 하는데, 365일 반복되는 먹이활동이다. 어둠을 틈타 플랑크톤이 풍부한 표면층으로 올라가 배를 채우고, 해가 뜨기 전에 심해로 내려가는 대이동이다.

　심해 생물 대부분은 적게 먹고도 오래 버틸 수 있도록 중소형 몸체를 가지고 있다. 하지만 아주 크게 진화한 경우도 있다. 대왕관해파리(Praya)는 세상에서 가장 긴 동물이다. 잡혀먹히지 않도록 몸체를 거대하게 진화시킨 결과인데, 길이가 40m에 달하며 300개 위를 가지고 있다. 가끔 오는 기회를 놓치지 않기 위해 지나치게 커다란 입과 무시무시한 이빨을 발달시키기도 한다. 심해아귀, 풍선장어, 앨퉁이 등은 거대한 이빨과 늘어나는 위를 가지고 있어, 자기만한 크기의 먹이도 잡아먹을 수 있다. 이빨은 안쪽으로 휘어져 있어, 일단 먹이를 물면 도망칠 수 없는 구조이다.

대왕관해파리.

태평양큰니고기(Pacific viperfish)는 이빨을 극단적으로 특화시킨 경우이다. 이 고기의 이빨은 너무 커서 입안에 들어가지 못할 정도다. 그래서 튀어나온 아래턱에서 머리 위까지 거대하게 솟아있다. 가끔 지나치게 커다란 먹이를 물었다가, 삼키지도 뱉지도 못하고 함께 죽는 경우도 있다.

검은배발광멸(Black-belly dragonfish)은 심해 어류의 특징을 가장 잘 갖추고 있는 물고기이다. 최대 25cm 이하인 작은 크기에 희미한 빛에서 볼 수 있도록 눈이 크다. 턱에는 안쪽으로 휜 이빨이 나 있다. 턱으로부터 낚시대처럼 생긴 길다란 발광 수염이 나와 있다. 마치 할아버지 곰방대를 턱에 붙이고 있는 기괴한 형상이다. 몸 옆면에는 은빛 비늘로 덮여있는데, 주변의 빛이 반사되어 완벽한 은신이 가능하다.

우리는 일상에서 심해상어의 간에서 추출한 스쿠알렌을 먹는다. 그런데 심해상어 모습이나 습성을 알고 나면 많이 놀랄 것이다. 50cm보다 작은 몸집의 쿠키커터 상어(Cookie-cutter shark)는 큰 동물에 적극적으로 달려들어 이빨을 박은 후 스스로 몸을 비틀며 살점을 떼어낸다. 죽은 고래나 상어 몸체에 쿠키 모양의 움푹 파인 상처

쿠키커터 상어

가 종종 발견되는데, 이 심해상어가 떼어낸 자국이다.

마귀상어(Goblin shark)는 정말 고블린이나 마귀처럼 생겼다. 코가 피노키오 코처럼 길게 튀어나와 있고 그 아래로 별도의 입이 있다. 평상시 입모양이 일반 상어랑 비슷하지만, 먹이를 먹을 때는 위아래 턱 전체가 튀어나온다. 영화 ≪에일리언≫에 나오는 우주 괴물의 턱을 보는 듯하여 섬찟하다.

상상 속에서나 가능한 충격적인 짝짓기

심해에는 여러 극한 환경이 있지만, 그중에서 '극한'이라는 표현에 가장 어울리는 것은 짝짓기 상대를 만나기 힘들다는 것이다. 번식은 종의 생존이 달린 중요한 문제이므로 일부 심해 생물은 기이한 방법을 동원하여 자손을 이어간다.

검은악마아귀(Black-devil anglerfish)는 배우자를 만나기 희박한 환경에서 특이한 번식방법을 진화시켰다. 심해를 탐사하던 과학자들은 매번 암컷 아귀만 발견되는 것을 이상히 여겼다. 그런데 암컷 몸을 자세히 보니 혹처럼 생긴 기생체가 붙어 있었는데, 이것을 분석한 과학자들은 깜짝 놀랐다. 수컷이 안보이는 이유를 그제서야 알았다.

아귀 수컷은 암컷 크기의 수십 분의 1 정도로 아주 작다. 심해를 떠돌던 수컷이 일단 암컷을 만나면 언제 올지 모를 기회를 놓치지 않으려 필사적으로 달라붙는다. 그리고 흐늘흐늘하고 물컹물컹한 암컷의 가죽을 파고들어 간다.

계속 파고들면서 수컷 몸체는 점점 암컷과 일체가 된다. 시간이 지나면서 암컷이 수컷과 혈관을 공유하여 영양분을 공급하게 되고, 결국 한 몸이 된다. 이후 수컷은 고환을 제외한 신체기관을 잃고 정자를 제공하는 역할만 한다. 그러니 시중에서 아

검은악마 아귀(암컷, 수컷).

귀찜이나 탕으로 우리가 먹는 아귀는 모두 암컷이라는 얘기다.

심해 생물은 아니지만, 아르고노트(Argonaute)라는 작은 문어과 동물이 있다. 암컷은 얇고 깨지기 쉬운 반투명한 껍질을 만들어 그 안에서 둥둥 떠다니며 산다. 이들의 짝짓기 방식도 기이하다. 수컷은 암컷에 비해 현저히 작으며, 껍데기가 없이 바다를 둥둥 떠돈다. 그러다가 암컷을 만나면, 벌레처럼 생긴 자신의 생식기를 떼어버린다. 그러면 생식기는 마치 유도탄처럼 스스로 헤엄쳐 암컷의 껍질속으로 들어가서 암컷 몸을 찾아 든다.

심해 생명체로는 예외적인 경우이지만, 한번 그 모습을 보면 잊을 수 없을 정도로 귀여운 외모를 가진 동물도 있다. 세 다리 물고기는 가슴 지느러미 두 개와 꼬리 지느러미가 아래쪽으로 발달하여 몸체보다 길어졌다. 장대처럼 생긴 세 개의 지느러미

발로 사람이 서 있는 것처럼 지탱하고 걷기도 한다. 마치 축제 때 어린이들에게 인기를 독차지하는 키 큰 장대 인간과 닮았다.

5. 앨비노
동물 전반에 나타나는 유전성 질환으로 몸에서 색소를 합성하는 효소에 문제가 있어 몸 색깔이 하얗게 되는 현상을 말한다.

예티게(Yeti crab)는 히말라야 전설 속에 등장하는 설인의 이름을 따서 지었다. 예티게는 온몸이 새하얀 앨비노[5] 바다가재인데, 털북숭이 거대한 집게발을 앞으로 쭉 뻗은 모습은 인형을 보는 듯하다.

퉁소상어(Elephant fish chimera)는 그리스 신화에 등장하는 괴물 키메라에서 이름을 따온 은색 상어이다. 이 상어는 여러 동물을 합쳐놓은 생김새를 가졌는데, 가오리의 지느러미, 토끼의 이빨, 코끼리의 코를 조합하여 일부러 만든 것처럼 보인다. 마치 펜을 가지고 만화영화에 나오는 동물 캐릭터를 그려놓은 듯하다.

극지방 온난화가 전 지구적인 문제가 되었다. 그런데 극지방 얼음이 사라지는 것이 심해와도 밀접한 관계가 있다. 심해는 표층에서 멀기 때문에 바다 표면으로부터 산소를 공급받기 힘들다. 그래서 극지방에서 가라앉은 차가운 해류가 순환하면서 그 속에 녹아있는 산소를 1,000m 아래 심해에 공급해 준다.

온난화가 진행되어 더워진 극지방 물은 비중 때문에 가라앉지 않는다. 이는 심해 생명체 생존과 직결된다. 차가운 해류가 순환을 멈추면, 산소공급을 받지 못한 심해

예티게.

생명체는 사멸할 것이다. 이렇듯 지구 순환계는 조밀하게 연계되어 있으며, 깊은 심해도 예외는 아니다. 그러니 북극곰이 아니더라도 우리가 빙하를 살려야 하는 이유는 수없이 많다. 물론 그 목록에 인류의 생존도 포함되어 있다.

비 오는 날은 생선회 먹지 마라?

"비 오는 날엔 부침개에 막걸리지. 생선회는 먹지마라?"

이저럼 비 오는 날이나 장마철에는 생선회를 먹지 않는 것이 세간의 불문율이다. 누구나 상식으로 알고 있는 이 속설이 과연 맞는 이야기일까?

사람들이 비 오는 날 생선회를 피하는 이유는 두 가지로 요약된다. 먼저, 비 오는 날은 식중독에 걸릴 수도 있다는 생각 때문이다. 비 오는 날은 습도가 높고, 이에 따라 세균이 빨리 증식할 수 있다는 것이다. 하지만, 부경대 조영제 교수의 연구 결과에 따르면, 습도에 따른 세균 증식 차이는 미미하다고 한다. 이보다는 회를 뜬 이후, 실온에 얼마나 장시간 방치해 두었느냐가 급격한 세균 증식과 관계가 깊다고 한다.

또 하나는 비 오는 날은 횟감이 신선하지 않다는 믿음과 관련이 있다. 비 오는 날은 조업을 못 나가니 오래 보관된 활어를 쓸 것이라는 생각이다. 실제로 자연산 생선은 수조에서 3일을 넘기기 힘들고, 스트레스를 많이 받으면 회는 육질이 퍽퍽해진다. 하지만, 시중에 유통되는 횟감 생선의 90%가 양식산이라는 사실을 알 필요가 있다. 양식 생선은 좁은 환경에서 길러지기 때문에 수조에 가두어 놓아도 비교적 스트레스를 받지 않는다. 그러므로 자연산이 아니라면 회 맛도 비와 상관관계가 매우 떨어진다.

그런데, 습도가 높은 날은 생선회 뿐만 아니라, 모든 음식이 맛없게 느껴진다. 특히, 회에 물기가 스며 있으면 생선살 본연의 맛이 떨어진다. 그러니 비 오는 날에 생선회가 공기 중의 습기가 스며들어 육질이 물러져 맛이 떨어질 수는 있다. 그래서 회를 뜰 때 물기를 제거하는 것은 필수다. 하지만 횟집에서 이 정도는 다 알기 때문에 걱정할 필요는 없다.

이를 종합해 볼 때, 비 오는 날 회를 먹으면 식중독에 걸릴 수도 있다거나 맛이 없다거나 하는 속설은 과학적 근거가 없는 낭설에 가깝다. 이제부터는 비 오는 날에도 부침개·막걸리 대신에 생선회·소주는 어떨지?

7
해적보다 두려웠던
침묵의 암살자 괴혈병

비타민 부족이 유령선을 만들다

≪캐리비안의 해적≫과 같은 해적 영화에는 유령선이 등장하는 장면이 있다. 안개 속에서 홀연히 나타난 배의 갑판에 올라가 보면 살아있는 사람은 없고, 사체가 곳곳에 널브러져 있다. 이처럼 유령선은 사체를 실은 채 파도에 밀려 바다를 정처 없이 떠돈다. 그렇다면 현실에서 이런 일이 있었을까? 유령선은 실제 있었다. 항해 중에 배를 운항하는 선원이 모두 죽는 일은 영화 속의 장면만은 아니었다. 그 범인은 바로 괴혈병

영화 속에 자주 등장하는 전설의 배 유령선. 〈이미지=Pixabay〉

(scurvy)이었다.

인체에는 콜라겐이라는 단백질 조직이 있다. 콜라겐은 인체에 흔한 생체 고분자 단백질로서 삼중 나선 구조를 특징으로 한다. 이 조직은 몸을 지탱하는 역할을 하고 세포의 분화, 부착, 이동에도 중요한 역할을 한다. 피부가 탱탱하게 유지되는 것도 콜라겐 때문이다.

그런데 비타민 C가 콜라겐 삼중 나선 구조를 단단하게 연결하는데 도움을 준다고 한다. 즉, 모든 동물 몸체를 형성하고 신진대사를 원활히 하는데 필수적인 요소가 비타민 C다. 거의 모든 동식물은 내부적으로 이것을 만들 수 있다. 그런데 박쥐, 기니피그, 카피바라 같은 일부 포유류, 그리고 인간을 포함한 유인원은 이것을 합성하지 못한다. 그래서 이를 합성하지 못하는 동물은 음식을 통해서 비타민 C를 섭취해야 한다.

비타민 C 부족으로 괴혈병이 생긴다는 사실은 오늘날 누구나 다 아는 상식에 속한다. 비타민 C가 부족하면 콜라겐 결합이 느슨해지면서 다양한 증상이 나타나는데, 이것이 괴혈병이다. 초기에는 무기력, 나른함, 우울감, 식욕부진 등이 일어난다. 그후 혈관과 잇몸이 약해지고 출혈이 생긴다. 피부가 탱탱함을 잃으면서 손으로 눌러도 쑥 들어간 자국이 그대로 남는다. 계속 비타민을 섭취하지 않으면, 시름시름 앓다가 결국 죽음에 이른다고 한다.

괴혈병은 오래전부터 존재했었다. 그리스 로마 시대처럼 갤리선으로 연안을 짧게 항해했던 때는 괴혈병이 없었다. 그러다가 8세기~11세기의 바이킹이 나타나 유럽 곳곳을 약탈하였다. 그들은 장기 항해도 마다하지 않았기 때문에 괴혈병에 시달렸다. 이 때문에 괴혈병을 뜻하는 단어 scurvy는 바이킹인 노르웨이어에서 유래하였

1. 십자군 전쟁
11 ~ 13세기에 서유럽의 그리스도교들이 팔레스티나와 예루살렘을 탈환하기 위해 8회에 걸쳐 감행한 전쟁을 말한다.

다. 또 13세기 십자군 전쟁[1] 때도 괴혈병이 발병했다는 기록이 있다. 200년 이상 계속된 전쟁에서 지중해를 오가는 장기 항해가 있었기 때문이었다.

장거리 항해의 어두운 동반자, 괴혈병

그런데 괴혈병이 본격적으로 문제가 된 것은 15세기 대항해 시대가 시작되면서부터였다. 이때부터 세계의 큰 바다가 연결되었고, 장기간 항해가 일상화되었다. 선원들은 몇 개월에서 몇 년을 배 위에서 생활해야 했다.

당시 선상 음식은 열악하기 짝이 없었다. 장기 항해를 위해 버터, 치즈, 빵 등을 준비해도 금방 상해버렸다. 오래 두고 먹을 수 있었던 주식은 건빵과 소금에 절인 고기 정도였다. 식수도 장기화된 항해로 오염되기 일쑤였고, 이 대신 술만 먹는 일도

1865년 네덜란드 여행저널에 실린 괴혈병 삽화. 〈이미지=123RF〉

허다했다. 선원들의 주식이었던 이런 음식에 비타민이 들어있을 리 없었다. 이렇게 선원들은 열악한 거주 환경에서 생활했으며, 오랫동안 신선한 야채를 먹지 못했다. 그런 그들에게 반드시 찾아오는 검은 그림자가 있었으니, 바로 괴혈병이었다.

대체로 괴혈병은 배가 항구를 떠난 지 6주가 지나면서 발생하기 시작했다. 험한 파도나 해적과의 전투도 두려워하지 않는 용감한 뱃사람조차 원인 모를 괴질에는 속수무책이었다. 이렇게 대항해 시대에 선원들이 가장 두려워했던 질병은 페스트도, 결핵도 아닌 괴혈병이었다. 실제로 배 위에서 괴혈병으로 죽는 사람이 난파나 전투로 사망하는 사람보다 훨씬 많았다.

역사에 이름을 남긴 유명한 항해가들도 괴혈병에 시달리기는 매한가지였다. 바스쿠 다 가마는 유럽인 최초로 뱃길을 통해 아프리카를 돌아 인도에 도착했던 인물이다. 그는 1497년부터 세 차례에 걸쳐 인도를 왕복하였다. 1차 항해 때 그의 일행이 희망봉을 돌았을 때, 170명의 선원 중 100명이 벌써 괴혈병으로 목숨을 잃었다. 그리고 1498년 8월 유럽으로 돌아오는 항해 동안 선원의 반을 잃었고, 나머지 선원들도 괴혈병에 시달렸다.

최초로 세계 일주를 했던 마젤란 일행에게도 어두운 그림자는 덮쳤다. 1519년 8월 스페인을 출발할 당시, 함대는 다섯 척의 배와 270명의 선원으로 구성되었었다. 그런데 세계를 일주한 후 1522년 배 한 척에 돌아온 일행은 인디오 세 명까지 포함하여도 21명이었다. 마젤란 자신은 필리핀에서 전투 도중 사망했지만, 대부분 선원은 귀환하는 배에서 괴혈병으로 죽어갔다.

마젤란, 드레이크에 이어 세 번째로 세계 일주를 했던 영국의 조지 앤슨 일행도 마찬가지였다. 그의 함대는 1740년에서 1744년까지 아메리카 식민지 원정을 위해 파견되었다. 함대에는 군인 등 1,955명이 타고 있었는데, 4년의 항해 동안 634명 만

페미컨.
〈이미지=123RF〉

이 살아서 돌아왔다. 그중 전투 손실은 네 명뿐이었고, 열병이나 전염병으로 죽은 사람이 320명이었다. 그리고 절반가량인 997명은 모두 괴혈병으로 죽었다.

세기의 라이벌 탐험가였던 아문센과 스콧의 남극점 대결에서도 괴혈병이 승부를 갈랐다. 아문센과 스콧은 1911년 1월 각각 남극에 도착했다. 이들은 남극점을 탐험하기에 앞서 방한복, 식량, 운송수단을 준비했다. 그런데 모든 준비 방식에서 양 탐험대는 큰 차이를 보였다.

영국 해군 장교였던 스콧은 설상차, 통조림 등 영국의 첨단 방식으로 준비했다. 반면 고향인 노르웨이에서 극지 원주민을 수없이 접했던 아문센은 이누이트 족²⁾ 전통방식으로 모든 것을 준비했다. 식량도 극지방 현지인이 주로 먹는 페미컨(Pemmican)³⁾ 같은 전통 보존식품으로 준비했다. 현지에서 펭귄과 바다표범을 잡아 신선한 고기도 비축했다.

준비방식의 차이는 완전히 다른 결과를 가져왔다. 아문센 일행은 원주민식 음식을 먹고 질병 없이 남극점을 정복하고 전원 생환했다. 반면 스콧 팀은 오랫동안 신선한 음식과 비타민 C를 섭취하지 못해 괴혈병에 시달렸고, 전원이 사망하였다.

신선한 야채와 과일만이 괴혈병을 치료한다

대항해 시대에 수많은 선원이 괴혈병으로 죽어갔다. 하지만 당시 과학 수준으로는 무엇이 문제인지도 파악하지 못했다. 괴혈병은 커녕 비타민이라는 개념조차 몰랐기 때문에 병이 들면 해결책이 없었다. 미신에 따라 주술행위를 하거나, 민간요법을 쓰는 것이 고작이었다. 배를 깨끗하게 하고 선원들을 자주 씻게 해 병을 막아보려 했다. 그런데 이렇게 하면 다른 병들은 사라졌지만 유독 괴혈병만은 사라지지 않았다.

이렇게 유럽에서 괴혈병의 원인조차 모르고 있을 때, 놀랍게도 지구 다른 편에서는 치료법을 알고 있었다. 5세기 원거리를 항해했던 중국인은 배 안에 생강을 재배하여 먹고 병을 예방하였다. 또 16세기 북아메리카에 유럽인이 도착했을 때, 그곳 원주민은 솔잎을 우려낸 물을 마시게 하여 괴혈병을 치료하는 것이었다.

유럽에서 치료법을 처음 제시한 이는 영국 해군 소속 군의관이었던 제임스 린드(James Lind)였다. 그는 외딴 섬에 버려진 괴혈병 환자가 풀만 뜯어먹었는데 병이 나았다는 말을 듣고 연구를 시작하였다. 그는 괴혈병 환자를 그룹별로 나누고 특정음식을 먹인 뒤 효과를 확인하는 실험을 반복했다.

마침내 레몬과 오렌지가 괴혈병 치료에 도움이 된다는 사실을 발견하였고, 1753년에 학계에 발표했다. 하지만 괴혈병이 상한 고기를 먹어서 발병한다는 오랜 믿음을 가지고 있던 영국 해군은 그의 연구 결과를 무시했다. 해군에 레몬이나 라임을 지급하기 시작한 것은 그이후 50년이 지나서였다.

그런데 제임스 린드의 발견에 주목한 탐험가가 있었으니, 뉴질랜드 5달러 지폐에 등장하는 캡틴 쿡(Cook)이었다. 그는 1768년 지구와 태양의 거리를 측정하는데 필요한 관찰을 하기 위하여 태평양에 파견되었다. 그는 괴혈병이 신선한 과일,

조지 칼머스, 〈제임스 린드 초상화〉.

4.자우어크라우트
양배추를 얇게 썰
어서 소금을 담가
발효시킨 독일식
김치를 말한다.

채소를 먹으면 해결된다는 것을 깨닫고 실천에 옮겼다. 항해 때마다 채소와 자우어크라우트(Sauerkraut)[4]를 채워 넣고 항해했고, 선박 내부를 깨끗하게 유지했다. 그리하여 세 차례의 긴 항해에도 괴혈병으로 죽는 선원이 한 명도 나오지 않았다. 그덕분에 하와이를 처음 발견해 '샌드위치 섬'이라 명명하였고, 뉴질랜드와 태평양의많은 섬을 발견하였다.

그런데 캡틴 쿡이 선원에게 자우어크라우트를 먹게 하는 과정에서 재미있는 일화가 있었다. 처음에 선원들은 익숙하지도 않고 맛도 없는 이 음식을 먹으려 하지 않았다. 그래서 쿡은 아이디어를 냈다. 사관 식탁에만 자우어크라우트를 올리고 맛있게먹는 모습을 슬쩍슬쩍 보여주었다. 그러자 선원들은 자기들도 달라고 격렬히 항의했고, 결국 모두가 먹게 되었다고 한다.

캡틴 쿡의 영향으로 1795년부터 영국 해군은 병사들에게 레몬이나 라임을 제공하기 시작하였다. 이로써 괴혈병으로부터 해방되었다. 그때부터 이웃 나라 해군은 영국 해군을 '라임을 먹는 것들'이란 뜻의 '라이미(limey)'라 불렀다. 레몬이나 라임을 먹을 때 신맛 때문에 인상을 찌푸리게 되는데, 이것을 표현한 조롱섞인 별명이다. 영국 해군이 라임을 제공하자 독일 해군은 자우어크라우트를 제공했는데, 이 때문에 제2차 세계대전 때 독일 병사를 '크라우트(kraut, 양배추)'라 불렀다고 한다.

자우어크라우트. 〈이미지=123RF〉

요즘 우리 민족을 가리켜 '배달의 민족'이라고하는 우스개 소리가 있다. 우리나라에서는 모든 음식을 배달시켜 먹을 수 있다는 의미에서 나왔을 것이다. 특히 젊은이들은 간편하고 빠른 배달 음식을 선호한다. 하지만 배달 음식을 너무 자주 먹다가는 괴혈병에 걸릴 수도 있다. 배달 음식 대부분은 패스트 푸드나 육식 위주 식단이기 때문이다. 괴혈병은 바다에만 있는 질병이 아니다. 오랫동안 야채나 과일을 섭취하지 못하면 육상에서도 걸릴 수 있는 병이다.

바다에 나가 항해하는 것도 아니면서 괴혈병에 걸린다면 뉴스거리가 되지 않을까? 그러니 배달 음식도 좋지만, 야채와 과일은 꼭 챙겨 먹도록 하자. 비타민 C는 레몬, 피망, 브로콜리, 파슬리, 양배추, 시금치 등에 가장 많이 함유되어 있다고 한다.

8
배는 떠다니는 국가다

2020년 코로나19로 전 세계가 들썩거렸다. 바이러스는 2019년 12월 중국 우한에서 처음 발생하여 전 세계로 확산되었다. 각국은 국력을 총동원하여 이 새로운 유형의 재난에 맞섰다.

다이아몬드프린세스호. <이미지=Alpsdake>

코로나 19 발생 초기인 2020년 2월, 일본 요코하마항에 정박한 대형 크루즈 다이아몬드프린세스호에 57개국 3,711명의 승선자가 있었다. 그리고 배 안에서 코로나 19 확진자가 대량으로 발생하기 시작하였다. 그러자 전 세계의 눈은 일본 요코하마항에 집중되었다.

확진자가 대량으로 발생하였지만, 일본 당국은 승객을 상륙시켜 치료하지 않았다. 배도 정박한 상태로 대기시켰다. 확진자 숫자가 급격히 증가했지만, 일본의 태도는 변하지 않았다. 결국, 이 배는 확진자 발생 28일이 지나서야 '코로나19 배양접시'라는 오명을 쓴 채 승선자 전원을 하선시켰다.

그렇다면 왜 발생 초기에 다른 승객에게 전염되지 않도록 육지에 상륙시키지 않았을까? 뉴스를 보던 많은 사람은 이러한 조치를 좀처럼 이해하기 어려웠을 것이다. 하지만 이러는 데는 나름대로 이유가 있다. 언론 보도에 따르면, 다이아몬드프린세스호는 영미 합작의 크루즈 해운사인 프린세스크루즈사 소속이며, 운영사는 일본의 카니발 재팬이고, 선적은 영국이다. 12만 톤급 대형 크루즈로서 일본에서 건조되었다.

이처럼 다이아몬드프린세스호 선적지와 선주 국적은 일본이 아니었다. 여기에다 배 안에는 다양한 국적의 승객이 승선해 있었다. 이 때문에 비록 일본 항구에 정박해 있었더라도, 일본 단독으로 배나 승객에 대하여 임의적인 조치를 취할 수 없었을 것이다.

이뿐 만이 아니었다. 요코하마항은 일본 영해로서 일본 땅에 속한다. 사람은 그 나라에 거주하고 있으면 그 나라 주권에 복종하여야 하지만, 배는 사정이 다르다. 일본 항구에 정박해 있다 하더라도 배 안은 일본 영토에 속하지 않는다. 그래서 움직이는 국가인 배는 선적지가 어디이며, 승선한 사람 국적이 어느 나라이며, 그 배가 어디에 있느냐에 따라 모든 사정이 달라질 수 있다.

배에서 탄생한 태극기와 일본 국기

1. 기국
배가 항해할 때 게양하는 깃발에 표시된 국가, 즉 배가 속한 국가를 의미한다.

2. 이양선
모양이 다른 배라는 뜻으로 18~19세기 우리나라 근해에 나타났던 서양의 배를 뜻한다.

앞에서 보았듯이 배도 사람처럼 국적이 있다. 특정한 국가의 구성원으로서 자격을 국적이라고 하며, 배의 국적은 선적이라 한다. 배가 속하는 국가를 선적국 또는 기국[1]이라 한다. 선박이 바다를 항해할 때 반드시 1개국 국기를 게양하여야 한다. 그리고 기국은 자국 선박에 대한 모든 사항에 관하여 자국의 관할권을 행사한다. 다시 말해, 선박 안에서 이루어지는 모든 사항에 대하여 선박이 소속한 국가의 법령에 따라 처리된다는 것이다.

우리나라 태극기나 일본 일장기 탄생도 배와 관련이 깊다. 역사적으로 국기는 근대국가의 태동과 같은 시기에 만들어졌다. 19세기 들어 유럽 각국이 아시아 각국에 개방과 통상을 요구하며 물밀 듯이 밀려왔다. 그런데 아시아 국가의 닫힌 문을 최초로 두드렸던 것은 언제나 바다를 건너 온 배였다. 항구에 가까이 접근한 이양선[2] 돛대에는 그 나라를 상징하는 깃발이 펄럭이고 있었다. 그 깃발은 국가를 의미했다.

이를 처음 접하는 아시아 각국은 그 깃발이 무슨 의미인지를 알지 못했다. 그때까지만 해도 아시아 국가는 왕조를 상징하는 깃발이나 표시는 있었지만, 국가를 상징하는 깃발은 없었다. 하지만 유럽은 국제법을 운운하면서 왕조가 아닌 국가와 교섭하려 하였다. 이제 아시아 국가에도 국가를 상징하는 깃발이 필요했다. 이처럼 국기의 탄생은 처음부터 선박과 밀접한 관계 속에 시작되었다. 국기를 단 배는 그 자체가 그 나라였다.

일본 국기인 히노마루(日の丸)도 서세동점기에 탄생하였다. 18세기 일본에 많은 유럽 배들이 접근했다. 쇄국 기조를 유지하고 있던 도쿠가와 막부는 이런 이양선에 대해서 대포를 쏴서 내쫓았다. 일본에 내항하던 이양선은 국제법에 따라 자국기를 게양한 채 운항하고 있었다. 그렇지만 일본은 이런 개념이 없었다. 일본 입장에서는 자국 배와 이양선을 쉽게 구분할 필요가 있었다.

조선시대 한반도 바닷가에 나타났던 서양의 배는 조선의 배와 모습이 달라 '이양선(異樣船)'이라고 불렀다. 〈이미지=Pixabay〉

그래서 일본 배를 이양선과 구분하기 위한 목적으로 하얀 천에 태양을 그린 표지를 선박에 달고 항해하게 하였다. 이렇게 일본 국기는 자국 선박의 식별을 위해서 시작되었고, 처음부터 국가를 상징하기 위한 것은 아니었다. 이후 1854년 도쿠가와 막부는 히노마루를 일본 선박의 표식으로 인정하였고, 1870년 메이지 정부는 히노마루를 정식으로 나라의 상징으로 삼기에 이르렀다. 1999년 히노마루가 정식으로 일본 국기로 법제화되었으나, 지금도 강제조항은 없다.

우리나라 태극기도 마찬가지였다. 운양호 사건을 계기로, 1876년 1월 국기제정에 대한 논의가 처음 있었다. 한 해 전에 일본은 운양호를 끌고 강화도를 불법 침범하였다. 조선이 이에 포격을 가하자, "운양호에 엄연히 일본 국기가 게양되어 있는데, 왜 포격을 하느냐?"며 생트집을 잡았다. 그렇지만 조선은 국기가 무엇을 뜻하는지 알 길이 없었다.

그래서 고종은 국기를 만들 필요성을 제기하였다. 고종은 조선왕조 어기를 일부 변형하여 직접 도안하기도 하였다. 태극기를 처음 사용했던 곳도 배였다. 1882년 5월 제물포에서 조미수호통상조약이 체결될 때 김홍집이 대표단장으로 파견되었다.

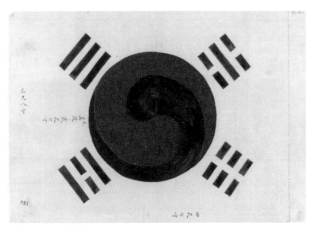

우리나라 최초 태극기. 〈이미지=독립기념관〉

그런데 미국 측은 국가를 상징하는 국기를 게양하는데, 조선 측은 이런 국기가 없었다. 이에 김홍집은 그동안 조정에서 논의했던 내용을 토대로 배 안에서 태극기를 그려 사용하였다.

1882년 8월 박영효 등 일행이 수신사[3]로 일본에 파견되었다. 배를 타고 가던 일행은 일본에 가서 게양해야 할 국기가 있어야겠다고 생각했다. 그래서 조정에서 이미 대체적으로 정해진 도안을 고쳐 태극기를 만들었다. 일행은 일본에 도착하여 숙소 지붕 위에 이 기를 게양하였다. 이후 이 태극기가 1883년 3월 정식 국기로 채택되었다.

3. 수신사
조선 말기에 일본에 보내던 외교 사절을 말한다.

배 위에서 사건이 일어나면 어떻게 처리하지?

해상에 떠 있는 배는 그 자체가 영토이며 움직이는 국가이다. "배는 그 자체가 국가"라는 명제는 어디서나 통한다. 항해 중에 일어나는 모든 법적 문제에 대해서는 대한민국 땅에서와 동일하게 처리된다. 배 갑판 위는 그 나라의 법이 통하는 그 나라 땅이다.

배는 바다에서 고립상태로 향해하지만 영토의 연장이다. 여기서는 국가라는 공권력이 직접 작용할 수 없고, 작용한다 하더라도 실효성이 떨어진다. 그래서 배 안이라는 소(小)국가사회 질서를 유지하기 위한 제도가 필요하다. 여기서 각국은 국가 공권력을 선장에게 직접 주어 배 안의 질서를 유지케 한다. 선장의 권한은 사용자-근로자 관계가 아니라 국가-국민의 관계처럼 공적 관계이다. 선장에게 선원에 대하여 지휘 감독, 명령, 강제, 징계 등 강력한 권한을 행사할 수 있도록 하고 있다.

하지만 구체적인 사안에 있어 이를 처리하는 것은 단순한 문제가 아니다. 배의 선적지, 선주 및 선원의 국적, 배가 있는 장소 등에 따라서 법률관계가 달라진다. 여기에 '편의치적(flag of convenience system)'이라는 제도가 일을 더 복잡하게 만든다. 이 제도를 단어 그대로 해석하면 편의에 따라 적을 둔다는 뜻이다. 즉, 세금 부담 경감, 인건비 절약 등을 위하여 선박을 자국에 등록하지 않고 제3국에 등록하는 제도이다. 예컨대 한국인 소유 배를 파나마에 등록한다고 할 때, 실제 소유자는 한국인이지만 선적국은 파나마가 된다.

페스카마호 선상 살인사건 신문 보도. (동아일보 1996.8.27.)

편의치적으로 그 배에서 발생한 사안 처리가 복잡해진다. 예를 들어 보자. 1996년 8월 페스카마(Pescamar)호 선상 살인사건이 있었다. 이 사건은 문재인 대통령이 변론을 맡았던 해상 사건이었다. 온두라스 선적의 원양어선 페스카마호는 남태평양에서 조업 중이었다. 그런데, 중국인 선원 6명이 선상 반란을 일으켜 한국인 선원 7명과 인도네시아·중국인 선원 4명을 살해하고 선박을 장악하였다.

이 사건에서 1차 관할권은 선적국인 온두라스에 있었지만, 온두라스는 재판관할권을 포기하였다. 2차로 가해자 국적국인 중국과 피해국인 한국에 있었다. 논의 끝에 용의자 신병을 확보하고 선박의 실질적 관리권을 가지고 있는 한국이 재판관할권을 행사하였다. 한국인을 살해한 부분에 대하여 부산지법은 사형을 선고하였다.

2016년 중국 어선 전복 사건. 〈이미지=해양경찰청〉

필자도 비슷한 경험을 한 적이 있다. 2016년 1월 필자는 전남 신안군 가거도 인근에서 중국 어선을 단속중인 해양경찰 함정을 지휘하고 있었다. 그런데 새벽쯤 가까운 해상에서 중국 어선이 전복됐다는 신고가 접수됐다. 고장으로 다른 중국 어선에 의해 끌려가고 있던 배가 기울면서 전복된 것이었다. 즉시 그쪽으로 배를 몰아 사고 현장에 도착하였다. 사고 지점은 우리나라 배타적 경제수역에 속하는 해역이었다. 승선원 10명 중 4명이 구조되었고, 1명은 사망, 5명은 실종 상태였다. 이런 경우 사안 처리가 복잡해진다.

우선 수색 구조에 대해서는 사고 지점이나 선적지에 관계없이 인도주의 관점에서 수행되었다. 선박이나 승선원 국적을 불문하고, 주위에 있는 모든 선박을 지휘하여 수색구조를 실시하였다. 해군 함정, 관공선은 물론 중국 측 선박까지 모두 동원하여 실종자 수색을 하였다.

이와 별개로 해양오염에 대하여는 배타적 경제수역에도 우리나라 법령이 적용되므로 해당 어선에 의한 해양오염 여부를 따져봐야 했다. 만약 기름이 흘러나와 바다를 오염시켰다면, 중국 어선은 우리나라 법령에 의해 처벌된다.

또 다른 문제는 사망한 중국인 선원에 대한 처리였다. 사망자 처리는 형사 절차를 따라야 하므로 우리나라 법령이 적용되지 않는다. 하지만 사망자 인계 전에 의사에 의한 사망 판정이 필요했다. 즉시 헬기를 이용해 인근 가거도에서 공중보건의를 현장에 데려왔다. 의사의 사망 판정 후 선원은 국적국인 중국에 인계하여 처리하였다.

해양경찰 배는 매년 원양을 항해한다. 주로 싱가포르, 필리핀, 말레이시아, 인도네시아 등 동남아 국가를 방문한다. 어느 국가를 방문하더라도 배 위에서 교민을 초

대해 만찬 행사를 갖는다. 그때마다 교민들이 필자에게 빠지지 않고 들려주는 이야기가 있다.

"대한민국 해양경찰 배가 멀리서 나타나는 순간 가슴이 떨리고 울컥해진다. 배 위에 올라오면 고국 땅을 밟는 듯한 생각이 든다."

고국에서 온 거대한 관공선이 항구로 들어오는 광경은 교민에게 대한민국 자체가 움직여 들어오는 것으로 느껴졌을 것이다. 그래서 배는 어디에 있든 떠다니는 국가이며, 움직이는 영토이다.

9

바다에 물고기보다
플라스틱이 더 많아졌다

당구장에서 태어난 기적의 소재

현대를 사는 우리는 플라스틱 세계 속에 살고 있다. 밥그릇, 안경, 볼펜 등 생활용품에서 건축자재, 기계, 비행기 등 산업용품, 그리고 반도체, LCD 등 첨단 기기에 이르기까지 플라스틱은 어느 곳에든 있다. 플라스틱(plastic)은 원하는 모양대로 쉽게 만들 수 있다는 의미의 그리스어 '플라스티코스(plastikos)'에서 유래하였다. 그 어원처럼 플라스틱은 가볍고 튼튼할 뿐만 아니라, 다양한 형태와 색깔로 만들 수 있다.

플라스틱을 발명하게 된 계기는 흥미롭게도 당구공과 관련이 있다. 19세기 미국 상류 사회에서 당구가 유행했다고 한다. 당시 당구공은 아프리카 코끼리의 상아로 만들었다. 당시에도 상아는 가격이 비쌌고 구하기가 어려웠다. 그로 인해 당구공 가격이 하루가 다르게 치솟았다. 그러자 당구공 제조업자들은 코끼리 상아 대신에 다

당구공을 만들기 위해 발명된 플라스틱은 선 인류에 영향을 끼친 신소재였다. <이미지=Unsplash>

른 재료로 당구공을 만들 수 없을까 고심했다.

이들은 상아를 대신할 수 있는 값싼 물질을 만드는데 현상 광고를 냈다. 1869년 존 하야트(John. W. Hyatt)는 화합물인 니트로 셀룰로오스와 장뇌[1]를 혼합하여 매우 단단한 물질을 발명하였다. 이것이 바로 천연수지로 만든 최초의 플라스틱인 셀룰로이드였다. 이 새로운 물질은 열을 가하면 어떠한 모양으로도 변형할 수 있었고, 열이 식으면 상아처럼 단단하게 되었다.

이후 셀룰로이드를 발전시키는 다양한 연구가 계속되었다. 1907년에 합성수지를 원료로 한 최초의 플라스틱이 발명되었다. 1933년에는 오늘날 주변에 가장 많이 쓰이고 있는 플라스틱인 폴리에틸렌(PE)[2]이 발명되었다. 폴리에틸렌은 포장재와 일회용 용기로 널리 사용되고 있는데, 매년 3억 톤이 생산되고 있다.

이처럼 인류는 자연이 준 선물인 석유로부터 플라스틱을 만들었다. 초기에 플라스틱은 '20세기 기적의 물질'로 불리며, 인류에게 더없는 편리함을 가져다주었다. 의식주를 플라스틱으로 해결할 정도였다. 다양하고 깨지지 않는 그릇을 사용했으며, 질기면서도 간편한 옷을 입었고, 반영구적인 재료로 집을 지을 수 있었다. 힘든 자연과 싸움으로부터 해방을 가져온 플라스틱은 인류에게 행복을 보장해주는 구세주인 듯 보였다.

하지만, 선물을 가져다준 자연에게 인간이 돌려준 보답은 환경 파괴였다. 이미 편리함 속에 빠져버린 인류 스스로도 생존 문제에 맞닥뜨리게 되었다. 대량의 플라스틱은 육지에서 바다로 끊임없이 흘러들어 해결이 불가능한 수준에까지 이르렀다. 바

1. 니트로 셀룰로오스와 장뇌
셀룰로오스에 질산 염기가 붙어 있는 화합물을 니트로 셀룰로오스라 하고, 녹나무를 증류하면 나오는 고체 성분을 장뇌라 한다.

2. 폴리에틸렌
에틸렌을 단량체로 중합하여 얻는 고분자이다. 우리 주변에 흔히 볼 수 있는 전선 외장, 장난감, 뚜껑, 용기, 파이프, 포장 비닐 등이 모두 이것이다.

다로 간 플라스틱은 이제 재앙이 되어 인간에게로 돌아오고 있다.

바다를 영원히 떠도는 플라스틱

우리는 매일 플라스틱 쓰레기를 끊임없이 버리고 있다. 종이컵, 생수병, 과자 봉지, 식품 포장지 등 대부분 생활에 포장용으로 쓰인 쓰레기다. 이러한 플라스틱 쓰레기의 가장 큰 문제는 한 번 생산되면 없어지지 않는다는 것이다. 그렇다고 종이나 쇠처럼 재활용할 수 있는 여지도 크지 않다. 생산된 플라스틱의 대부분은 결국 가장 낮은 곳, 바다로 흘러들게 되어있다. 한번 바다에 들어간 플라스틱은 사실상 회수가 불가능하다.

1997년 찰스 무어(Charles Moore) 선장은 북태평양을 항해하고 있었다. 하와이

태평양 거대 쓰레기 지대.

에서 미국 서부로 향하던 그는 바다 한가운데 펼쳐진 플라스틱 섬을 발견하였다. 그 섬은 넓이가 한반도의 여섯 배나 되었다. 이것은 이후 사람들에게 '태평양 거대 쓰레기 지대(the Great Pacific Garbage Patch)'로 불렸다.

이 플라스틱 섬은 해류에 의해 형성된 것으로 추정된다. 육지로부터 버려진 플라스틱 쓰레기는 주요 해류를 따라 바다를 순환한다. 그러다가 해류가 한데 모이는 곳에서 플라스틱도 모여 섬을 이룬 것이다.

그는 그 경험을 바탕으로 바다에 떠다니는 플라스틱에 대해 연구하였고, 역작《플라스틱 바다》를 저술하였다. 그에 의하면 쓰레기 섬 주변에는 플랑크톤과 잘 구별이 되지 않는 플라스틱 입자들이 떠다니고 있었다. 그 플라스틱 조각이 1㎢당 평균 33만 개가 넘었는데, 플랑크톤보다 여섯 배나 많은 양이었다.

이처럼 바다로 간 플라스틱은 가까운 연안뿐 아니라 태평양 같은 넓은 바다, 심지어 남극과 북극까지 영향을 미치고 있다. 플라스틱이 심각한 것은 단지 환경을 더럽히는 것으로 그치지 않는다는 것이다. 플라스틱은 해양 생물의 생존을 위협하고, 먹이 사슬을 거쳐서 인간에게까지 영향을 미친다.

플랑크톤부터 인간까지 모든 생명을 위협하다

플라스틱은 크기와 관계없이 바다 생명을 위협한다. 이 위협은 두 가지 형태로 나눌 수 있다. 먼저, 바다를 끝없이 떠도는 플라스틱은 해양 생물에 치명적인 위협이 된다. 그물, 비닐 포장, 밧줄, 스티로폼 등에 목을 졸리거나 몸이 얽혀서 수많은 해양 동물이 죽어간다.

우리는 TV나 인터넷을 통해 쓰레기로 인해 고통 받는 해양 동물의 끔찍한 모습을 보아왔다. 그물에 몸이 걸려서 움직이지 못해 굶어 죽어가는 돌고래, 플라스틱 빨대가 코에 꽂힌 채 힘겹게 살아가는 바다거북, 점점 목을 파고 들어가는 그물에 얽힌 바다사자, 끊어지지 않는 낚싯줄에 감겨 몸 일부가 잘려나간 물개 등.

다른 경우는 해양 동물이 크고 작은 플라스틱을 먹이로 착각하고 삼킴으로써 문제가 된다. 하와이 제도 미드웨이 환초에 사는 앨버트로스의 비극은 잘 알려진 이야기다. 하

바다의 플라스틱은 고래 등 해양 생물의 생명을 심각하게 위협하고 있다. 〈이미지=123RF〉

와이 북서쪽 태평양 한 가운데 위치한 미드웨이 환초는 수많은 바다새가 둥지를 트는 새들의 천국이다. 이곳에 날개 길이가 3m에 달하는 거대한 앨버트로스 새가 많이 서식하고 있다. 그런데 종종 어린 앨버트로스의 사체가 발견된다. 살은 썩어 없어지고, 뼈와 깃털만 남은 자리에 병뚜껑, 라이터, 플라스틱 조각이 발견된다.

어린 새 위장 속에 들어있던 이 플라스틱은 어미 새가 먹인 것이다. 어미 새는 바다 위를 날다가 플라스틱을 먹이로 착각하고 물어온다. 그리고 어린 새에게 먹인다. 이를 계속 받아먹은 새끼는 위장에 플라스틱이 차곡차곡 쌓인다. 결국 어린 새는 포만감으로 인해 영양가 있는 먹이를 먹지 못한 채 굶어 죽는다.

바다거북의 경우도 심각하다. 바다거북은 초식성으로 바다 속 해초를 먹고 살지만, 해파리도 잡아먹는다. 그런데, 바다에 부유하는 플라스틱 밧줄 뭉치나 투명 비닐은 마치 해초나 해파리처럼 보여서, 바다거북이 먹이로 착각하기 쉽다. 이 때문에 바다거북은 플라스틱 쓰레기의 가장 큰 희생양이다.

2018년 호주 연구팀에 따르면, 해변에서 발견된 1,000여 마리의 바다거북 사체 중 절반 이상인 52% 내장에서 수백 조각의 플라스틱 쓰레기가 발견되었다고 한다. 거북은 플라스틱으로 인해 내장이 파열되기도 하고, 플라스틱 쓰레기로 장이 막혀 죽기도 한다.

미세 플라스틱도 문제다. 미세 플라스틱은 플라스틱 입자가 5mm보다 작아진 경우를 말한다. 가정에서 사용하는 치약, 각종 화장품에서 나오고, 옷을 세탁할 때 천에서 분리된 섬유 조각으로부터 나오기도 한다. 또 바다에 떠다니는 큰 플라스틱 덩어리가 햇빛과 파도로 인해 잘게 쪼개져서 생성되기도 한다.

크기가 작은 플라스틱 입자는 지극히 폭넓은 생물 종에 영향을 미칠 수 있다. 미세 플라스틱은 바다에서 먹이 사슬을 거치며 이동한다. 먹이 사슬 아래층의 작은 생물이 바닷물에 포함된 미세 플라스틱을 먹는다. 예를 들어, 플랑크톤, 갯지렁이, 홍합 같은 조개류가 미세 플라스틱을 먹는 것이 관찰되었다고 한다.

투명 비닐을 먹는 바다거북. 〈이미지=123RF〉

그리고 나면 새우, 멸치 등 작은 물고기가 플라스틱을 축적하고 있는 이런 생물을 잡아먹는다. 이번에 큰 물고기가 이들을 잡아먹는다. 이렇게 반복적으로 축적된 플라스틱 속 환경호르몬[3]은 결국 인간에게까지 영향을 미친다. 우리가 먹는 조개, 광어, 참치에 미세 플라스틱이 잔뜩 들어있다고 상상해 보라.

그렇다면 플라스틱 문제를 해결할 획기적인 대책은 없는가? 인류는 결코 플라스틱의 편리함을 버리지 못할 것이다. 그러니 늘어나는 플라스틱 생산량을 줄이는 대책은 허황된 생각이다. 좀 더 현실적이고 실천 가능한 대안을 찾는 쪽으로 가야 한다. 다들 아는 단순한 방법이 있다. 바다로 들어가는 플라스틱 쓰레기를 줄이는 것이다. 바다로 들어가지 않게 하는 구체적인 방법에 집중하는 것이 현실적이다. 그리고 실천이 중요하다.

3. 환경호르몬
신체 내부가 아니라, 산업 활동을 통해 만들어진 화학 물질로서, 신체의 호르몬을 교란시키는 물질을 의미한다.

바다생물의 플라스틱 오염은 결국 인간에게까지 영향을 미치게 된다. 〈이미지=Pixabay〉

인간의 욕망은 끝이 없다. 죽음으로 달려가는 줄 알면서도 멈추지 못한다. 당장 눈앞에 보이지 않는 한 바다환경의 심각성을 인정하지 않는다. 편리함에 대한 욕망이 무엇보다도 우선시 된다. 그래서 쓰레기 섬을 관찰한 뒤 문제의 핵심을 지적했던 찰스 무어의 통찰력은 정곡을 찌른다.

"그러면 피해를 보여주리라. 단순히 바다에 생긴 피해가 아니라 지구에, 우리 몸에, 우리 영혼에 생긴 피해를....."

-찰스 무어《플라스틱 바다》중에서-

크릴 오일을 먹으면 바다 생태계를
파괴한다고?

요즘 다이어트와 혈관 청소에 좋다는 크릴오일이 유행하고 있다. 크릴오일에는 오메가3 지방산, 아스타잔틴, 인지질 등 몸에 좋은 성분이 많다고 한다. 또 강태공들은 낚시 미끼로 냉동 크릴을 많이 사용하고 있다.

'크릴'이라는 말은 노르웨이어로 '작은 물고기 치어'라는 Krill에서 따왔다. 크릴은 남극에 많이 살며, 몸길이 1 ~ 2㎝에 새우처럼 생긴 동물성 플랑크톤이다. 이들은 먹이사슬의 최하층에 위치해 있어, 물고기, 펭귄, 일부 상어, 물범, 고래, 심지어 인간에게 중요한 식량원이다.

문제의 심각성은 크릴이 멸종위기에 직면하고 있다는 것이다. 청정 남극 해역에서 서식하는 크릴은 각종 건강식품과 약품 개발의 원료로 각광받고 있다. 크릴은 이제 80%가 사라지고 20% 정도 남았는데, 그나마 현재 계속 줄어들고 있다고 한다. 이로 인해 남극 생물들이 생존의 위협을 받는 것으로 드러났다. 주로 크릴을 먹는 생물들은 매일 배를 채우고 새끼를 키우는데 필요한 양조차 확보하지 못하고 있다.

한편 엄청난 양의 크릴이 매일 깊은 바다를 오르내린다는 과학계 연구 결과가 나오면서 해수 순환의 결정적 열쇠로 주목받고 있다. 또, 지구의 이산화탄소를 바다

속에 가두는 역할을 한다는 연구도 있다. 많은 동물에게 먹이도 되지만 지구환경을 위해서도 꼭 필요한 존재인 것이다.

인간에게 크릴은 건강을 위해 먹는 보조식품 정도에 불과하지만, 남극 동물에겐 끼니 만큼 생존이 달린 문제다. 우리 몸만 챙기려 이런식으로 크릴을 잡아먹다가는 바나 전체가 병들어갈 것이 뻔하다. 그러면 지구에 얹혀사는 우리도 오래가지 못할 것이다. 그러니 크릴은 생태계 저 아래층 생물들에게 양보하는 건 어떨까?

chapter 2

유럽의 바다

10
중세 유럽을 먹여 살렸던 물고기, 청어와 대구

언뜻 보면 기독교와 물고기는 아무 관계가 없어 보인다. 예수님 탄생지가 유목지대인 예루살렘이고 성경에도 유목과 관련된 이야기가 주를 이루기 때문이다. 그런데 기독교 문화 속에서 의외로 물고기와 관련된 비밀코드를 많이 발견할 수 있다.

성경에는 빵 다섯 개와 물고기 두 마리로 오천 명을 먹인 오병이어[1](五瓶二魚)의 기적이 등장한다. 여기서 등장하는 빵과 물고기는 이후에도 예수님의 최후의 만찬과 연결되어 여러 그림 속에 나타난다.

3세기 로마 지하무덤인 카타콤에 그려진 벽화에 식탁 위로 빵과 물고기가 가득한 바구니가 등장한다. 또 한때 로마의 수도였던 라벤나의 6세기에 그려진 최후의 만찬 모자이크에는 커다란 물고기가 등장한다. 유명한 레오나르도 다빈치의 작품 《최후의 만찬》에도 예수님이 제자들과 함께 먹는 음식 메뉴는 물고기이다.

1. 오병이어
성경에 예수께서 보리떡 다섯개와 물고기 두 마리로 갈릴리호의 빈들에서 5천 명을 먹였다는 기적을 말한다.

6세기에 그려진 최후의 만찬 모자이크. 이탈리아 라벤나의 성 아폴리나레 누오보 성당에 있다.

또 육식에 대한 언급이 별로 없는 성경에 이런 구절이 있다. "이에 구운 생선 한 토막을 드리매 받으사 그 앞에서 잡수시더라(누가복음 24:42~43)" 이 장면은 십자가에 못 박혀 죽은 후 제자들 앞에 부활한 예수께서 생선을 먹는 모습이다.

이처럼 물고기는 노아의 방주에 타지 않고 살아남은 유일한 생명체로 기독교에서 신성하게 여겨졌다. 그리하여 전통적으로 물고기를 먹는 것은 예수의 육신을 먹고 예수와 일체가 되는 행위로 간주되었다.

기독교 관습이 물고기 수요를 불러오다

그런데 예나 지금이나 육식을 주식으로 하는 유럽에서도 한때 물고기에 대한 폭발적 수요가 발생한 적이 있었다. 중세 기독교 관습 때문이었다. 육식 습관은 게르만족이 로마를 점령하면서부터 유래되었다. 유럽 중북부의 내륙 지방에 살았던 게르만족은 대부분 가축을 길러 식량으로 삼는 육식 문화를 가지고 있었다.

313년 밀라노 칙령[2]으로 기독교가 로마에 정착되었다. 이후 기독교는 전 유럽으로 확산되면서 중세 천 년 동안 유럽인의 가치관과 문화를 지배하였다. 기독교 전파에 따라 예수의 죽음과 부활에 얽힌 금욕주의 식문화가 자연스럽게 유럽 전역에 전파되었다.

기독교에서 예수의 죽음과 부활이 이루어졌던 사순절은 중요한 날이었다. 이 40일 동안은 저녁 식사를 제외하고 단식을 하였다. 특히 금요일은 예수가 십자가에 못박혀 죽은 날로서 경건한 마음으로 고난을 함께해야 했다.

2. 밀라노 칙령
313년 로마제국의 공동 황제인 콘스탄티누스 1세와 리키니우스가 공동으로 밀라노에서 발표한 칙령으로 모든 사람이 그리스도교를 포함한 모든 종교를 자신이 원하는 대로 믿을 수 있게 되었다.

중세 기독교 관습에 따르면 더운 피를 가진 동물 고기를 먹는 것은 탐욕스러움을 의미했다. 이에 따라 금요일은 육식을 엄격히 금했다. 심지어 금요일에 육식을 하면 처형하기도 하였다. 하지만 물고기는 더운 피를 가진 음식에 해당되지 않았고, 금요일에도 먹는 것이 허락되었다.

시간이 지남에 따라 육식을 금지하는 날은 금요일 뿐 아니라 여러 성일(聖日)로 확대되었다. 한때는 이 금지일이 일 년의 절반이 넘기도 하였다. 이렇게 되자 육식을 금하는 날에는 유럽 전역에 물고기 수요가 폭발적으로 증가하였다. 어부들은 금요일에 생선수요를

마사초, 〈예수의 수난〉, 1426.

맞추기 위해 수요일과 목요일에 물고기를 잡았다. 심지어 루이 14세의 금요일 만찬에 올릴 신선한 생선을 구하지 못한 요리사가 자살하는 사건까지 있었다.

마을에서 멀리 떨어진 수도원에서는 앞마당에 연못을 파는 곳이 많았다. 시장에서 미리 가져온 생선을 신선하게 보관하거나 자체적으로 생선을 길러 금요일 식탁에 올리기 위한 용도였다. 유럽 전역에서 목요일만 되면 생선을 구하려는 사람들로 시장이 북적였다.

바스크족의 소울 푸드이자 바이킹의 휴대 식량, 대구

중세 유럽에서 기독교적 식문화에 부응하여 상업적으로 성공한 물고기는 대구와 청어였다. 이 물고기들이 유럽 전역으로 팔려나가 중세인의 식탁에 오를 수 있었던 데는 두 가지 이유가 있었다. 하나는 이들이 대량 포획이 가능한 엄청난 개체 수를 자랑했고, 두 번째는 상하기 쉬운 물고기를 장기간 보관할 수 있는 저장 방법이 개발되어 멀리까지 운송할 수 있었다.

이름처럼 입 큰 고기인 대구(大口, cod) 이야기를 해 보자. 대구가 상업용으로 널리 이용된 데는 다 이유가 있다. 이놈은 질병과 추위에 강하고 다산성이다. 게다가 얕은 해안에 서식하며 식탐이 강해 잡기가 쉽다. 또 느리게 헤엄치면서 생긴 흰 살에는 지방이 거의 없고 단백질이 풍부하다. 그리고 잡은 대구는 버릴 부위가 없을 정도로 이용 가치가 있다.

중세 대구와 관련된 이야기에서 바스크족을 빼놓을 수 없다. 이들은 오래전부터 피레네 산맥 일대인 스페인 북부와 프랑스 서남부에 살고 있는 비밀스런 민족이다. 바스크족은 언어와 혈통이 유럽인과 완전히 다른 민

바칼라오. 〈이미지=123RF〉

족이다. 산악 민족이면서 오랫동안 근처 비스케이만에서 고래를 잡던 해양 민족이다.

바스크족은 오랫동안 고래를 잡아왔다. 고래를 잡으러 떠났던 일족이 북아메리카에서 엄청난 대구 어장을 발견했다. 물속에 대구가 얼마나 많은지 그 위를 밟고 걸어다녀도 될 정도였다고 한다. 하지만 유럽인들은 이들이 어디서 많은 양의 대구를 잡아 오는지 알지 못했다. 캐나다를 발견했다고 알려진 카르티에(Cartier)[3]가 16세기 동부에 처음 당도했을 때 천여 척의 바스크족 배가 이미 조업하고 있었다고 한다.

이들은 고래에 적용했던 염장 기술을 대구에 적용하였다. 이렇게 소금으로 염장한 대구를 스페인에서는 바칼라오(bacalao)라 부른다. 나무토막처럼 딱딱해진 염장 대구를 물에 불리면 부드러워지고 풍미가 배가 된다. 지금도 바스크족의 도시 스페인 빌바오에서는 그들의 소울푸드 바칼라오가 최고의 요리로 꼽힌다.

바이킹도 대구를 잡아 저장했다. 태양 빛이 적은 북해에는 소금이 없어 염장이 어려웠다. 그래서 북해의 찬바람에 그대로 말려 나무토막처럼 딱딱하게 만들었다. 딱딱한 상태의 대구는 상하지 않고 장기가 보관하기 편리했다. 이것을 부스러뜨려 씹어 먹으면 훌륭한 식량원이 되었다. 마치 몽골군이 말린 육포를 씹으며 세계를 정복했듯이, 바이킹도 말린 대구를 싣고 항해와 정복 활동을 벌였다.

청어의 뼈 위에 세워진 나라, 네덜란드

한편, 청어는 정어리와 닮았고 기름기가 많은 등 푸른 생선이다. 겨울철 별미인 과메기 재료로 청어를 사용했던 적도 있었지만, 지금은 꽁치가 대신하고 있다. 청어

3. 카르티에
프랑스 출신의 항해가로 총 3회 캐나다를 탐험하여 훗날 프랑스가 캐나다를 통치·소유하게 되는 기초를 닦았다.

는 수백만 마리에서 수억 마리까지 군집을 이룬다. 자연 다큐멘터리를 보면 청어 떼를 발견한 혹등고래가 아래에서 나선형으로 돌면서 뿜어낸 거품으로 벽을 만들어 청어 떼를 가둔 뒤, 수면 쪽으로 올라가며 삼키는 멋진 장면을 볼 수 있다.

4. 더치페이
더치란 네덜란드 사람을 의미하며 네덜란드 사람의 비용 지불 방식으로 각자 서로 부담한다는 것을 의미한다.

청어는 중세 유럽에서 폭증하는 물고기 수요를 해결하고자 잡기 시작했다. 처음에는 강이나 근해에서 물고기를 잡아 수요를 감당하였다. 그러나 점점 물고기 구하기가 어려웠고, 결국 먼 바다까지 나가 청어를 잡기 시작했다. 청어에 특히 관심을 가진 나라가 네덜란드였다. 네덜란드는 저지대에 자리잡은 데다 더치 페이(Dutch pay)⁴⁾라는 말이 생겼을 정도로 천연자원이 부족했다.

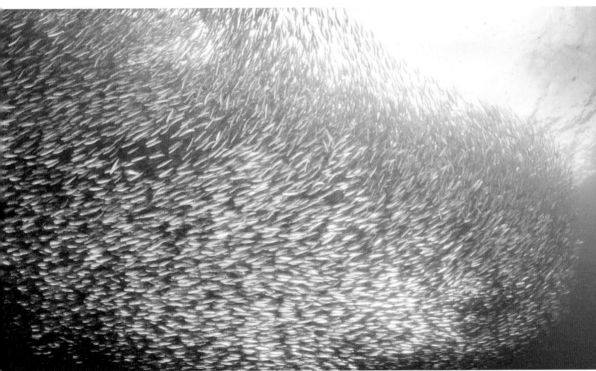

청어떼. 〈이미지=123RF〉

청어는 발트해와 북해에서 잡혔는데 기름기가 많은 등 푸른 생선이라 쉽게 부패하였다. 잡은 후 24시간 이내에 처리하지 않으면 상해버렸다. 그래서 여러 날을 조업하거나 많은 양을 잡아 저장할 수가 없었다. 그러니 널린 청어를 얼마나 잡느냐보다는 상하기 전에 청어를 얼마나 빨리 처리해 저장하느냐가 관건이었다.

그런데 1358년 빌렘 벤켈소어(Willem Beukelszoon)라는 한 어부가 이 문제를

14세기 네덜란드 어부 '빌렘 벤켈소어. 힐마르 베커, 1821.

해결하여 네덜란드에 부를 안겨 주었다. 그는 어떻게 하면 단시간에 많은 청어를 처리할까 고민하다가, 내장을 단번에 제거할 수 있는 작은 칼을 발명하였다. 빠른 속도로 내장을 베어내고 염장하여 통에 보관하게 됨으로써 장기간 그리고 다량의 조업이 가능해졌다. 네덜란드에 다른 행운도 찾아왔다. 주로 발트해에서 산란하던 청어가 15세기 초 기후 변화로 대량으로 북해로 이동했던 것이다. 이로 인해 네덜란드는 코앞에서 손쉽게 청어를 잡게 되었다.

중세 네덜란드 경제를 일으켜 세운 것이 청어라는 것은 부정할 수 없다. 한때 전 국민의 5분의 1이 청어잡이에 종사할 정도였다. 1620년에 네덜란드 선박수는 2천 척이 넘었는데, 대부분 100톤 전후의 청어잡이 배였다. 이렇게 수산업이 발달함에 따라 배를 건조하는 조선업도 함께 발달하였다.

나아가 선박 건조에 있어 표준화와 경량화를 통해 적은 선원으로 많은 화물을 나

를 수 있도록 개선하였다. 이렇게 되니 네덜란드는 화물선 제작과 운송의 강국으로 부상하였다. 해운업이 발달하면서 이에 연관되는 금융업, 보험업도 함께 발전하였다. 연관 산업의 발전은 결국 자본주의 맹아인 최초의 주식회사, 즉 동인도회사를 탄생시켰다. 일련의 과정을 보면 네덜란드가 '청어의 뼈 위에 세워진 나라'라는 말이 결코 빈말이 아님을 알 수 있다.

지금도 네덜란드의 수도 암스테르담에 가면 어디서나 청어 절임인 하링(haring)을 먹을 수 있다. 썬 양파를 곁들이거나 빵에 싸서 먹는 대중적인 요리이다. 하지만 처음 시도하는 외국인에게는 비릿하게 삭힌 청어 냄새가 여간 고역이 아니다. 코를 막고 인상을 찌그리며 장렬하게(?) 먹는 것이 보통이다. 마치 처음 맛보는 삭힌 홍어에 진저리를 치듯이. 그러든 말든 네덜란드 사람들은 손으로 꼬리를 잡고 통째로 즐긴다. 하링은 그들의 역사와 삶이 고스란히 담겨있는 고향 같은 음식이기 때문이리라.

11

북쪽 땅으로부터 온 바다의 정복자, 바이킹

잉글랜드 북동부 해안에 린디스판이라는 섬이 있다. 793년 6월 먼 수평선 너머로부터 몇 척의 배가 나타나는가 싶더니 빠르게 해안에 닿았다. 배에서 내린 거구의 사내들은 큰 도끼를 휘두르며 수도원을 약탈했다. 그리고는 배에 값진 재물을 싣고 순식간에 사라졌다. 그들이 어디서 온 누구인지 아무도 알 길이 없었다. 이 사건을 기점으로 북쪽 땅으로부터 바다를 건너온 약탈자들은 잉글랜드, 스코틀랜드의 해안과 아일랜드를 수시로 침략했다.

잉글랜드인은 기도했다. "주여, 북방인들의 진노로부터 우리를 지켜 주소서!" 하지만 그들의 기도는 이루어지지 않았고, 약탈자들은 300년 동안 끊이지 않고 나타

9세기 잉글랜드를 침략하는 바이킹. 〈노르웨이 오슬로시박물관〉

바이킹의 신화를 모티브로 제작된 영화 토르(Thor, 2013) 포스터

났다. 그들이 바로 북쪽 땅으로부터 배를 타고 나타난 정복자 바이킹이었다. 바이킹 하면 뿔 투구를 쓰고 거대한 도끼를 휘두르는 잔인하고 마초적인 이미지를 떠올릴 것이다. 강과 바다를 휘젓던 그들은 어디서 온 누구이며 어떻게 한 시대를 풍미했는가?

북유럽에서 시작된 바이킹 신화

유럽 지도를 펼쳐보면 용의 머리처럼 생긴 스칸디나비아 반도를 볼 수 있다. 원래 북유럽은 빙하로 덮여있던 땅이었다. 빙하가 쓸고 지나간 땅은 육지와 바다가 한데 섞여 있었다. 시간이 지나 빙하가 물러나고 숲이 우거지기 시작했다. 그러자 게르만 일족이 북쪽 땅으로 진출했다. 이들은 스칸디나비아 피오르드와 덴마크의 수많은 섬에 흩어져 살았다. 이러한 환경에서 배는 일찍부터 중요한 운송수단이었다.

바이킹(viking)이란 명칭은 협만(峽灣), 내포(內浦), 후미 등을 의미하는 'vik'에서 유래하였다. vik는 해안선 안쪽으로 바다가 깊게 들어온 피오르드 지형을 의미한다. 그리하여 바이킹은 '협만에 사는 사람' 쯤으로 해석된다. 우리가 알고 있는 바이킹은 8세기에서 11세기까지 유럽 전역으로 퍼져나가며 약탈과 교역을 병행했던 노르드인(북게르만)의 일족이다.

바이킹 전사는 관습적으로 하나 이상의 무기를 가지고 있었다. 커다란 양날 도끼를 든 바이킹 전사의 모습은 영화나 게임에서 흔히 볼 수 있다. 하지만 도끼는 장식용 또는 매장용으로 사용되는 경우가 많았고, 전투에서 흔하게 사용되지는 않았다. 실제 애용된 무기는 둥근 방패와 창이었다. 전장에서 바이킹은 용감했고 물러설 줄을 몰랐다. 바이킹 전사의 소원은 칼을 쥔 채 전장에서 명예롭게 죽는 것이었다. 그리하여 위대한 오딘의 궁전인 발할라[1]에 들어가는 것이었다.

바이킹은 주신(主神)인 오딘(Odin)을 숭배했다. 그는 세상을 창조하고 신들이 사는 왕국인 아스가르드를 건설했다. 그의 아들 토르(Thor)는 천둥과 번개의 신이었다. 영화 《토르》에서 되돌아오는 망치 몰니르 때문에 주신보다 더 유명해졌다. 티르(Tyr)도 오딘의 아들이며 전쟁 신이었다. 프레이야(Freyja)는 사랑과 미의 여신이었다. 바이킹 신화에는 그 밖에도 수많은 신들이 등장한다.

오늘날 사용하는 요일의 명칭 가운데 바이킹 신화에 그 뿌리를 두고 있는 것이 있다. 수요일(Wednesday)은 보덴(Woden, Odin의 다른 이름)의 날이다. 화요일(Tuesday)과 목요일(Thursday)은 티르(Tyr)와 토르(Thor)의 이름을 따서 지었다. 금요일(Friday)은 프레이야(Freyja)의 날이다. 그러고 보면 요일 중에 으뜸은 수요일이 맞는 것 같다.

기본적으로 바이킹은 '약탈', '해적', '야만' 등의 단어가 어울리는 민족이었지만, 실제로 탁월한 항해가이자 탐험가이며 상인이기도 했다. 그들은 먼 곳까지 항해하며 상황에 따라 약탈과 교역을 병행했다. 그들은 북해의 거친 바다로도 나아갔지만, 내륙의 좁은 수로에도 배를 띄웠다. 그들은 서쪽으로 진출해 야만적인 약탈과 방화를 자행했는가 하면, 동방으로 가서 세련된 협상과 교역을 하기도 했다. 이러한 까닭에 바이킹 무덤에서는 인도의 불상, 이슬람 동전 등이 출토되기도 한다.

1. **발할라**
바이킹 신화에서 가장 아름다운 궁전으로 발할은 전쟁터에서 적과 싸우다 죽은 사람의 큰집이라는 뜻이다.

독특한 형태의 배로 장거리를 항해하다

바이킹에게 배는 정복, 교역, 운송의 수단이자 생활터전 그 자체였다. 초기 그들의 배는 폭이 좁고 용골[2]과 돛이 없었다. 시간이 지나 7세기가 되자 바이킹의 배는 변화하였다. 이전과 달리 용골과 사각의 돛을 만들었으며, 양쪽에 1단의 노를 설치하였다. 부자연스러울 정도로 치켜올려진 선수와 선미는 형태가 같았고, 끝에 용머리 모양을 장식했다. 배 바깥 부분은 현란한 색깔의 원형 방패를 줄지어 세워 파도나 적을 막았다.

바이킹의 배는 크게 두 가지 종류가 있었다. 탐험, 무역, 전투 등의 다목적 선박인 드라카르(Drakkars)와 무역, 수송 및 대서양 항해에 특화된 크나르(Knarr)가 그것이었다. 드라카르는 나무로 만든 롱 쉽(long ship)[3]이었는데, 선체가 가볍고 날렵하

바이킹의 군함인 드라카르(Drakkars). 〈이미지=123RF〉

여 기동성이 뛰어났다. 또 내륙 수로를 이용하여 약탈할 때, 이 배는 흘수가 낮아 노를 저어 좁은 수로를 역류할 수 있었다. 심지어 강이 막히면 전사들이 배를 들고 육로로 이동하기도 했다. 크나르는 수송이 주목적이어서 더 짧으면서 넓고 깊게 설계한 라운드 쉽(round ship)[4] 형태였다. 따라서 짐을 많이 싣고 먼 섬으로 이주하거나 대서양을 항해하는데 많이 쓰였다.

바이킹 배의 특징 중 하나는 속도와 관련된 부분이었다. 유연하고 가벼운 선체는 파도를 타고 넘으며 엄청난 속도를 낼 수 있도록 고안되었다. 또한 돛대가 정중앙에 달려 전진 후진이 비교적 자유로웠다. 게다가 배의 앞뒤 형태가 똑같아서, 좁은 바다나 강에서 약탈을 감행한 후 배를 돌리지 않고 후진으로 신속하게 빠져나오는 것이 가능했다.

다른 특징으로는 우현 뒤쪽에 키 역할을 하는 별도의 노를 달았다. 그리고 이를 이용하여 쉽게 방향을 조종하였다. 배를 항구에 댈 때 조종하는 사람은 키가 있는 우현에 앉아 키가 손상되지 않도록 반대쪽인 좌현을 항구에 붙였다. 이 관습이 오늘날에도 이어져 배를 조종하는 우현을 스타보드(starboard)[5]라 하고 배가 항구에 닿는 좌현을 포트(port)[6]라 한다.

바이킹은 나침반이 없이 항해하고 해와 별을 보고 위치를 파악했다. 때로 수정석을 태양에 비추어 빛의 갈라짐을 보고 방향을 찾기도 했다. 항로를 잃어 육지를 찾고자 할 때에는 까마귀를 날려 날아간 방향을 보고 항로를 잡았다.

바이킹은 배를 중요시했다. 중요 인물의 장례를 치를 때 배를 육지로 끌어올려 유해와 함께 매장하는 배 무덤 흔적이 오늘날도 남아있다. 또한 거친 바다를 항해할 때 그들의 주신인 오딘의 보호를 받기 원했다. 그래서 배를 처음으로 바다에 진수할 때

4. **라운드 쉽**
(round ship)
폭이 넓고 깊이가 깊어 많은 화물을 실을 수 있는 둥근 형태의 배를 말한다.

5. **스타보드**
(starboard)
조타기를 조작할 수 있는 배의 오른쪽을 말한다.

6. **포트**(port)
조타기 손상을 방지하기 위해 선박의 왼쪽을 항구에 접안 한데서 선박의 왼쪽을 말한다.

살아있는 노예나 동물의 피를 제물로 바쳤다.

세월이 흘러 산 제물을 바치는 관습은 끊겼다. 하지만 오늘날 배를 물에 띄우는 진수식에 포도주를 배의 몸체에 부딪쳐 깨뜨리는 의식이 남아있다. 피를 대신하여 붉은 포도주를 주신 오딘에게 바치는 의미이다.

유럽 각지로 진출하는 바이킹

바이킹이 북쪽 땅을 떠나 약탈을 시작하게 된 데는 여러 이유가 있었다. 9세기 이후 급격한 인구 증가에도 원인이 있었지만, 특유의 관습도 원인이라 할 수 있었다. 바이킹은 일부다처제로 많은 아이를 낳았는데, 장자 상속제 전통으로 인해 장남을 제외한 남자는 새로운 개척지를 찾아 나서야 했다. 또 중죄를 지으면 추방당하여 고향을 떠나야 했다.

1903년 노르웨이에서 발견된 바이킹의 배 무덤.〈노르웨이 오슬로대학교 문화사박물관〉

이런 이유로 바이킹은 8세기부터 끊임없이 이웃 나라를 침공하였다. 그리고 차츰 민족을 자각하게 되었으며 민족 간 고유의 활동영역이 구분되기 시작하였다. 마침내 바이킹은 노르웨이계, 스웨덴계, 덴마크계로 갈라졌다.

노르웨이계는 거친 북해를 건너 서북쪽으로 나아갔다. 이들 일부는 잉글랜드, 아일랜드 해안을 공격하였다. 여름에 약탈을 하고 겨울이 오기 전에 고향으로 돌아가기를 반복했다. 시간이 지나자 해안에 전초기지를 만들어 현지에서 겨울을 나고, 이듬해 내륙 깊숙이 들어가 약탈을 했다. 이들은 인구가 희박한 스코틀랜드 북부, 세틀랜드 제도 등 외진 곳에 정착해 살았다. 여기를 발판으로 프랑스 북부, 잉글랜드는 물론 포르투갈과 스페인 세비야까지 약탈했다.

섬인 아일랜드는 전형적인 사례였다. 839년 바이킹은 아일랜드를 정복하고 식민도시 더블린을 중심으로 나라를 세워 다스렸다. 그런데 851년 또 다른 바이킹인 덴마크계가 상륙하여 아일랜드인과 힘을 합쳐 대항했다. 두 바이킹족이 남의 땅에서 제집인 양 싸움을 벌였다. 1,000년경 마침내 아일랜드인이 나라를 되찾았다. 그러는 사이 켈트 문화[7]와 바이킹 문화는 뒤섞였고, 많은 바이킹이 기독교로 개종하기도 하였다.

7. **켈트문화**
아일랜드와 스코틀랜드에서 켈트어를 사용하는 고대 민족의 문화를 말한다.

이들은 또 북극 근처의 새로운 섬을 발견하고 개척했다. 815년경 일부가 페로 제도를 출발하여 서쪽으로 항해하였고, 아일랜드를 발견하였다. 982년경 빨간 털 에리크(Eric the Red)는 죄를 짓고 아일랜드에서 추방당하자, 낯선 정착지를 찾아 나섰다. 그는 새로운 땅을 발견했고 '그린란드(초록의 땅)'라 이름 지었다. 하지만 그곳은 이름처럼 푸르지 않았다.

에리크의 아들 에릭손(Eriksson)은 1,000년경 그린란드로부터 남쪽으로 항해하여 콜럼버스보다 500년이나 앞서 아메리카에 도착하였다. 그가 도착한 곳을 포도가 자라는 땅이라는 의미로 '빈란드'라 불렀다. 현재 캐나다 래브라도, 뉴펀들랜드 지방이었다. 지금도 그곳에는 바이킹 흔적인 랑스 오 메도우(L'Anse aux Meadows) 유적이 남아있다.

한편 덴마크계는 서남쪽 바다를 통해 서유럽으로 진출했다. 이들은 잉글랜드 남부, 프랑스 서북부, 이베리아 반도, 이탈리아 남부로 진출했다. 이들은 프랑스 북부 해안으로부터 센강을 거슬러 올라가 세 차례나 파리를 점령하였고, 여러 내륙 도시를 약탈하였다. 수년간 프랑스 내륙을 휘젓던 바이킹은 마침내 센강 하류에 정착하여 프랑스 왕과 협약을 체결하였다. 그 결과 노르망디 지역을 봉토로 받고 노르망디

캐나다 뉴펀들랜드 섬 북쪽 해안의 바이킹 정주 유적 '랑스오메도우(L'Anse aux Meadows)' 역사 지구. 〈이미지=123RF〉

공국을 세웠다.

잉글랜드로 간 덴마크계도 있었다. 이들은 프랑스에서처럼 템즈 강을 따라 내륙으로 전진하면서 약탈했다. 9세기가 되자 잉글랜드 동쪽 해안지대를 대부분 지배하였다. 이렇게 잉글랜드 내에 바이킹이 지배했던 광대한 지역(또는 바이킹의 법)을 '데인로(Danelaw)'라 한다.

10세기 이후 잉글랜드와 바이킹 간 승부가 엇갈리다가 1016년 덴마크계 바이킹인 크누트(Cnut)가 승리하여 잉글랜드 왕위에 올랐다. 그 후 1066년 프랑스 노르망디의 공 윌리엄이 영국을 침공하여 잉글랜드 왕이 되었다. 앞서 언급했듯이 노르망디 공국도 9세기에 프랑스를 침공한 바이킹이 세운 공국이었다. 그러고 보면 노르만 정복은 잉글랜드 땅 안에서 바이킹끼리 싸움을 벌여 프랑스에서 유럽화한 바이킹이 승

동쪽으로 진출한 스웨덴계 바이킹. 빅토르 M. 바스네초프, 〈바이킹의 초대〉, 1909

리한 사건이었다.

서쪽 바이킹이 영국과 서유럽을 공략하는 사이 스웨덴계는 동쪽으로 진출했다. 슬라브족의 땅인 발트 해 연안, 러시아, 우크라이나가 그곳이었다. 그리고 남쪽으로 흐르는 강을 따라 흑해와 비잔틴 제국까지 진출하였다. 이들은 흑해를 건너 아랍 및 동방의 실크로드와도 교역하였다.

8. 키예프 공국
바이킹 출신의 올레그가 키예프 일대를 정복하고 세운 나라이며 러시아의 시초가 된 공국을 말한다.

슬라브인은 스웨덴계 바이킹을 '배를 젓는 사람'이란 의미로 루시(Rus)라 불렀다. 루시의 지도자 류리크(Rurik)는 슬라브인의 요청으로 드네프르 강과 볼가 강 사이의 광활한 슬라브 족의 땅을 다스리게 되었다. 그곳이 러시아의 기원이 된 키예프 공국[8]이었다. 러시아 왕족은 대대로 류리크 가문의 후손이었다. 러시아(Russia)는 루시의 땅, 즉 바이킹의 땅을 의미한다.

예나 지금이나 러시아 내륙은 수많은 큰 강과 호수가 있다. 바이킹은 바닥이 낮고 가벼운 드라카르를 이용하여 내륙을 통항했다. 발트해로부터 네바강을 거슬러 모스크바로 나아갔다. 거기서 드네프르강을 따라 비잔티움까지 항해했다. 또 볼가강으로 항해하면 카스피해를 통해 이슬람 상인을 만날 수 있었다.

올라우스 마그누스(Olaus Magnus)의 〈북방민족의 역사〉에 등장하는 삽화.

내륙의 강은 급류와 협곡이 많아 전진하기가 쉽지 않았다. 하지만 바이킹은 불굴의 전사였다. 그들은 폭포를 만나거나 강이 끝나는 지점에 다다르면 배를 들거나 통나무를 밑에 깔고 밀면서 전진하였다. 배가 실제 산으로 갔던 것이다. 별개의 이야기지만 배가 산으로 갔던 적이 또 있었다. 1453년 비잔틴 제국을 멸망에 이르게 한 콘스탄티노플 공방전에서였다. 당시 비잔틴은 선박의 침입을 막고자 방어선이었던 골든 혼을 가로 질러 굵은 쇠사슬을 걸어 바다를 봉쇄했다. 하지만 오스만제국의 술탄 메흐메트 2세[9]는 수많은 배를 끌고 해발 60미터에 이르는 산등성이를 넘어 쇠사슬 안쪽으로 침공했고, 결국 콘스탄티노플 요새는 함락되었다.

바이킹 문화는 한때 야만적이고 투박하며 음습한 문화로 평가되어 왔다. 그러나 한때 그들로부터 가장 심한 피해를 입었지만 바이킹의 문화를 본받아 해양제국을 건설했던 영국의 예를 기억해야 한다. 영국은 바이킹의 실체와 장점을 잘 응용하여 해가 지지 않는 번영을 이루었다.

최근 바이킹 및 북유럽 신화를 주제로 하거나 미화한 작품들이 다양한 장르에서 각광을 받고 있다. 판타지 영화인 《반지의 제왕》이나 《왕좌의 게임》, 그리고 《드래곤 길들이기》 등은 바이킹 신화에서 모티브를 얻어 제작되었다. 환상적이고 몽환적인 자연환경의 북유럽을 배경으로 펼쳐졌던 바이킹의 도전과 개척정신이 오늘날 되살아나고 있다. 이제 바이킹은 모험을 즐기는 용맹한 해양 민족의 표본으로 역사의 무대에 재등장하고 있는 것이다.

9. **메흐메트 2세**
오스만 제국의 제7대 왕이며, 21세의 나이에 콘스탄티노플리스를 함락하고 동로마 제국을 멸망 시켰다.

12
대항해 시대를 연 항해의 원동력, 히팔루스의 계절풍

1. 폴리네시아인
BC 800년경에 부터 동남아 일대에서 항해하여 뉴기니, 솔로몬 등 태평양 섬에 정착한 부족을 말한다.

2. 페니키아인
기원전 3000년 무렵부터 시리아, 레바논 해안 지대에 도시 국가를 이룩하고 최초로 갤리선을 사용하여 해상 무역 문화를 이룩한 민족을 말한다.

역사적으로 알려진 항해는 기원전 3000년경 이집트에서 이루어졌다. 비슷한 시기 동남아에서 출발했던 폴리네시아인[1]은 카누를 타고 수천 km 태평양을 가로 질렀다. 기원전 1000년경 안데스인은 뗏목을 타고 멕시코의 마야 문명과 왕래하였다.

기원전 600년경에는 페니키아인[2]이 지중해를 통해 아프리카 대륙을 왕래했다. 이후 1~2세기 아랍 상인들은 홍해와 인도양을 건너는 방법을 알아냈고, 후에 유럽과 인도를 연결하였다. 6세기에는 아일랜드 수도사가, 11세기에는 바이킹이 북아메리카에 도달했다.

우리에게 잘 알려진 바스코 다 가마나 콜럼버스, 그리고 마젤란의 항해는 역사의 기록에 기대어 지나치게 부풀려진 경향이 있다. 그들에 앞서 바다로 간 이름 없는 항해자가 없었다면 결코 이루어질 수 없는 여정이었다. 오늘날 해양인은 이 용감하고 모험심에 불타는 선배 항해자에게 많은 빚을 지고 있다.

근육의 힘으로 배를 움직이다

그럼 인류는 어떤 힘으로 바다로 나아갔는가? 영화《300: 제국의 부활》에는 기원전 5세기경 그리스를 침공한 페르시아 해군을 맞아 풍전등화의 해전을 벌이는 장면이 나온다. 동서 문명이 지중해에서 격돌한 살라미스 해전[3]이다. 거센 파도 속에서 페르시아 군선과 그리스 노선인 갤리선(Galley)[4]이 치열한 전투를 벌인다.

배의 갑판에서는 전투가 벌어지고, 갑판 아래에는 일렬로 앉은 병사들이 북소리의 음에 맞춰 거대한 노를 일제히 젓는다. 노는 배의 양 옆으로 2단 또는 3단으로 설치되어 있다. 배 안에서 앉은 상태로 노를 저으면 그 힘으로 배가 나아간다. 노를 젓는 병사들의 굵은 팔뚝에 핏줄이 튀어나온다. 갑자기 적선과 충돌하면서 물이 쏟아져 들어오지만, 노젓기를 멈출 수는 없다. 배가 침몰하는 순간까지 힘껏 젓는다. 이와 비슷한 장면은 로마 시대를 배경으로 한 영화《벤허》나《클레오파트라》에서도 볼 수 있다.

이처럼 고대에는 배를 움직이는데 근육의 힘을 주동력으로 사용하였다. 돛이 있더라도 아직 정교하지 못하여 크게 도움이 되지 못했다. 그래서 노를 젓기 위해 많은 노예나 병력이 필요하였다. 아직 바람의 힘을 주동력으로 이용할 수 있는 기술적 축적이 이루어지지 못했다.

배의 형태는 달랐지만 동양에서도 인간의 육체적 힘을 동력으로 이용하기는 매한가지였다. 9세기 동북아 해상을 호

페니키아 시대의 배. 〈이미지=123RF〉

3. 살라미스해전
지중해 살라미스 해협에서 그리스 420척의 함대와 페르시아 800척의 함대가 맞붙은 전투에서 그리스 해군이 승리한 해전을 말한다.

4 갤리선
지중해에서 쓰던 배의 하나로 양쪽 뱃전에 아래 위 두 세 줄로 노가 달린 선박을 말한다.

영화 벤허(Ben-Hur, 2016) 스틸컷

령했던 장보고의 청해진이나 해상국가였던 고려의 개성 상단이 그랬다. 15세기 초 동남아를 거쳐 아프리카를 일곱 차례나 원정했던 명나라 정화 함대의 정크선(Junk)에도 많은 노와 노꾼이 필요했다. 그 결과 중요한 무역이나 전쟁은 팔의 근력이 감당할 수 있는 가까운 바다에서 주로 벌어졌다. 이처럼 항해의 주동력을 팔뚝의 힘에 의지했던 방식은 동서양을 막론하고 수천 년 이상 계속되었다.

규칙적인 바람, 몬순을 발견하다

한편, 기원전 1세기경 그리스인 조타수 히팔루스(Hippalus)는 규칙적인 바람의 힘을 이용하여 배를 움직일 수 있다는 사실을 발견하게 되었다. 그가 알아냈던 바람을 그의 이름을 붙여 '히팔루스의 바람'이라고도 하는데, 오늘날의 몬순(계절풍)을 말한다.

몬순의 원리를 간단히 설명하면 이렇다. 바람은 기압의 차이에 의하여 발생한다. 그런데 육지는 바다보다 쉽게 데워지고 쉽게 식는다. 여름철 해가 뜨면 육지 온도가 빨리 오른다. 기온이 높아진 곳의 공기는 가벼워져 위로 올라간다. 그러면 그곳에 저

기압이 발생하고 상대적으로 고기압인 바다에서 육지로 공기가 이동한다. 여름에 해변에 가면 바다로부터 신선한 바람이 불어오는 것은 이 때문이다. 밤이 되면 육지 기온이 급격히 내려가고 낮과 반대로 육지에서 바다로 바람이 분다.

이렇듯 바다와 육지 사이에 부는 바람은 수 km 범위에 국한된다. 하지만 이 현상이 지구 전체적으로 볼 때는 위도에 따라서 수천 km 범위로 확대된다. 이러한 원리로 인도양에는 여름철에 아프리카 바다에서 아시아 대륙으로 강한 계절풍이 불고, 겨울철에 아시아 대륙으로부터 반대 방향으로 약한 계절풍이 분다.

히팔루스의 발견 이래 아랍 상인들은 이 계절풍을 이용하여 아프리카 북단에서 인도양을 거쳐 인도에 다다르는 항로를 개척하였다. 여름철에 홍해 끝에서 인도 쪽으로, 겨울철에는 그 반대 방향으로 배를 띄웠다. 큰 바다 중에서 인도양이 가장 먼저 개척된 것도 이런 이유였다. 그리고 계절풍을 뜻하는 몬순(monsoon)도 아랍어에

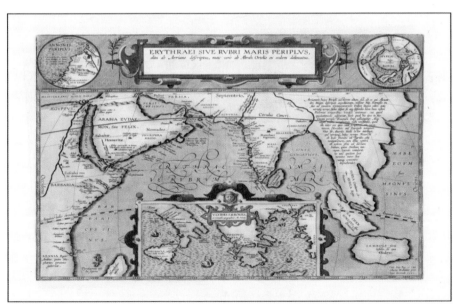

A. 오르텔리우스(1527~1598)의 에리스리안해 지도

인도양을 항해하는 다우선. 〈P. 하워드, 1873〉

서 계절을 의미하는 '마우심
(mausim)'에서 유래하였다.

히팔루스의 바람을 이용
하였던 아랍 상인들은 항해
의 전문가였다. 그들이 사용
했고 지금도 사용하는 배를
다우선(Dhow)이라 한다.
이 배는 선체를 구성하는 나
무 조각을 연결할 때 못을
쓰지 않으며 세로로 길쭉

한 삼각형 돛을 사용한다. 유럽의 사각돛은 많은 바람을 한꺼번에 받아 배의 속도를
내기가 용이하지만, 무겁고 다루기가 어려워 역풍을 거슬러 항해할 수 없었다. 다우
삼각돛은 사각돛에 비해 많은 바람을 받지는 못하지만, 어느 방향에서 바람이 불어
와도 배의 방향을 조종하기가 쉬운 특징이 있었다. 오늘날 요트나 윈드서핑의 돛과
유사하다. 이러한 다우 삼각돛의 장점은 지중해로 전해져서 유럽인에 의해 라틴 세
일(latin sail)[5]로 개량되고 유럽의 사각돛과 결합하면서 대항해 시대를 열어가는 항
해기술로 발전하였다.

5. 라틴 세일
지중해에서 주로
사용하던 것으로
방향 전환이 쉬운
세로돛을 말한다.

계절풍의 힘으로 대항해가 시작되다

바람을 항해의 주동력으로 이용하게 되면서 인류는 먼 바다에 나갈 수 있었다. 15
세기가 시작되면서 대항해 시대가 시작되었다. 최초 경쟁국은 포르투갈과 스페인이

었다. 포르투갈에는 항해 왕자 엔히크가 있었다. 포르투갈 국왕 주앙 1세의 셋째 왕자였던 그는 자신의 삶을 송두리째 바다에 바쳤다. 항해학교를 만들어 항해의 선진 기술을 가진 아랍인과 유대인을 초빙하여 항해사를 양성하고 선박을 건조했다.

그의 계획은 아프리카 서안을 따라 돌아 동쪽으로 항해하여 인도에 다다르는 것이었다. 하지만 사하라 사막이 끝나는 곳과 카나리아 제도 사이에 보자도르 곶(Cabo Bojador)이 버티고 있었다. 남쪽으로 바람이 불며 수심이 얕고 바위가 많은 곳이다. 절벽에 부딪친 바람이 돌풍을 일으키기도 한다.

이곳을 지난다 해도 조류와 바람이 남쪽으로 강하게 흐르므로 거슬러 되돌아올 수가 없었다. 그 남쪽은 펄펄 끓는 적도의 바다가 기다리고 있었고, 그것은 죽음을 의

포르투갈 엔히크 왕자의 항해학교. 〈이미지=리스본해양박물관〉

미했다. 이 보자도르 곶은 그야말로 항해자의 무덤이었으며, 오랫동안 바다의 가장 자리이자 세상의 끝으로 여겨졌다.

하지만 엔히크의 명령은 일관되었다. "보자도르 곶을 넘어라!" 1434년 여름 수십 번 실패 끝에, 최초로 보자도르 곶을 넘어 항해한 사람이 있었으니, 그가 바로 에아 네스라는 선장이었다.

펄펄 끓는 죽음의 바다를 넘어 살아 돌아올 수 있었던 것은 캐러벨선(caravel)[6] 덕 분이었다. 이 배는 다우삼각돛을 개량한 라틴세일을 달고 있었는데 이것을 미세하게 조종하여 지그재그 형태로 역풍을 거슬러 바다의 끝에서 되돌아올 수 있었다. 인도 로 가는 1천 년의 바다 장벽이 극복되는 순간이었다.

엔히크 왕자가 아프리카를 남쪽으로 돌아 인도로 향한 반면 스페인의 지원을 받 은 콜럼버스는 서쪽으로 키를 잡았다. 바람을 타고 서쪽으로 계속 항해하다보면 지

중세시대의 캐러벨선. 〈이미지=123RF〉

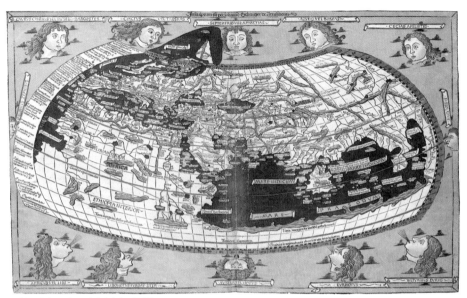

프톨레마이오스의 15세기 세계지도 목판본

구를 돌아 동쪽의 나라가 나오리라는 것이 그의 생각이었다. 그의 판단으로는 아시아대륙이 동쪽으로 넓게 뻗어 있으므로 대서양은 넓지 않고 따라서 항해기간이 그리 길지 않을 것이라는 것이었다.

레콩키스타(reconquista)[7]가 완성된 해인 1492년 8월에 출항한 1차 항해는 놀랍게도 불과 33일 만에 카리브해에 도착했다. 산타마리아호 등 3척이 계절풍이 부는 위도 지역을 따라 곧바로 서쪽으로 전진한 결과였다. 이처럼 콜럼버스는 바람의 여신이 그와 함께 하는 행운이 있었기에 항해를 완수할 수 있었다.

이처럼 대항해 시대는 계절풍을 발견한 후 오랜 시간이 흐르고, 이를 이용할 수 있는 정교한 돛이 발명된 이후에 이루어졌다. 신대륙의 발견은 바람을 읽었던 인류의 오랜 지혜가 빚어낸 결과였으며, 위험을 마다않고 바다로 뛰어든 선대 항해가의

7. 레콩키스타
 포르투갈어로 '재정복'을 뜻하는 말로 718~1492년 사이에 이베리아반도 카톨릭 왕국들이 이슬람 국가를 축출하고 실지를 회복하는 일련의 과정을 말한다.

유산이었다.

바다에서 바람의 영향을 극복하고 항해의 주동력을 기관으로 대체한 것은 19세기의 일이었다. 1783년 프랑스에서 최초의 증기선을 운항하였지만 실용화되지 못했다. 1807년 미국의 로버트 풀턴이 외륜식 증기선 클러몬트(Clemont)호를 건조하여 허드슨 강을 운항하였다. 그 후 불과 50년이 지난 1853년 미국의 페리 제독은 검은 증기선을 끌고 와 일본을 강제로 개항시키기도 하였다.

과거 바람과 돛으로 세계를 지배했던 선조들의 역사를 잊지 않으려는 유럽 항해가의 후예들이 있다. 바로 미국 코네티컷주 뉴 런던에는 미국 해양경찰 대학(U.S. Coast Guard Academy)에서 그 예를 볼 수 있다. 학생들의 항해실습용으로 사용되는 실습함인 이글호(Eagle)는 3개의 긴 돛대와 커다란 돛을 가지고 있다. 엔진이 보편화된 오늘날 수 백 년 전에나 있었던 대항해 시대의 구물을 자랑스럽게 운용하는 까닭을 미루어 짐작할 수 있을 것이다.

굴을 자주 먹으면 바람둥이라고?

동서고금을 막론하고 사랑받는 수산물이 굴이다. 굴은 완전식품에 가까워 '바다의 우유'라고 한다. '바윗돌에 핀 꽃'이라는 뜻의 석화(石花)로 불리기도 한다. 굴은 겨울철이 제철이다. 그래서 우리나라에 "보리가 패면 먹지 말라"던가, 서양에 "R자가 들어있지 않은 달에는 먹지 말라"는 속담이 있다. 이처럼 5월에서 8월 사이에는 독소가 있어 먹지 않는 것이 좋다.

서양에서는 굴을 정력제로 생각했다. 그래서 "굴을 먹으면 보다 오래 사랑하리라(Eat Oysters, Love Longer)"고 믿었다. 전해지는 바에 의하면, 고대 로마의 황제나 나폴레옹, 제상 비스마르크도 굴을 많이 먹었다고 한다. 또 "짐이 곧 국가다"라고 외친 프랑스 왕 루이 14세도 굴 마니아였다고 한다.

하지만 굴을 매일 즐겼던 인물로 카사노바를 빼놓을 수 없다. 122명에 이르는 여인과 사랑을 나누었다는 플레이보이 카사노바는 매일 아침 생굴을 50개씩 먹었다고 전해진다. 굴을 즐겼던 여성도 있었는데, 절세미인 클레오파트라가 탄력 있는 아름다움을 유지하기 위해 식탁에서 빼놓지 않았다고 한다.

이처럼 굴이 스태미나에 좋은 이유는 굴에 아연이 매우 풍부하기 때문이다. 아연은 정자 생성을 촉진하고, 남성호르몬인 테스토스테론을 만드는데 효과가 있는 것으로 알려져 있다. 이외에도 굴은 다양한 영양성분을 가지고 있다. 굴은 아연, 철분, 칼슘 등과 같은 무기질이 풍부하고, 비타민 B1·B2, 나이아신 등 비타민에 이르기까지 영양소가 풍부하다.

그럼 어떤 굴을 어떻게 먹어야 할까? 자연산 굴도 좋지만, 양식 굴도 좋다. 양식이라 하더라도 자연 해수에서 길러지기 때문에 영양 면에서 자연산과 큰 차이가 없다. 다양한 굴 요리 가운데 생굴이 으뜸이다. 그렇다고 김이 무럭무럭 나는 굴찜을 장갑 낀 채 까먹는 재미를 어찌 놓치랴!

그러니 바람둥이 논쟁일랑 접어두고, 건강과 활력을 위해 영양 덩어리 굴을 자주 먹자!

13
지팡구(Japan)를 찾아 떠난 콜럼버스, 서인도를 만나다

"안방에는 대감마님이 곰방대에 담배를 말아 넣고 피우고 있다. 날씨가 쌀쌀해지고 서리가 내리면 포기 배추에 벌건 고춧가루를 버무려 겨울 김장을 담근다. 하인들은 쌀밥 대신 서민의 겨울 양식인 감자와 고구마를 삶아 먹는다." 오늘날 우리가 고

아메리카 대륙에 도착한 콜럼버스. 존 밴덜린, 〈콜럼버스의 상륙〉, 1847.

려나 조선시대 전통적인 선조들의 삶으로 쉽게 떠올릴 수 있는 장면이다. 하지만 이런 모습이 과연 당시 현실에 부합하는 것일까? 정답은 "틀렸다"이다.

담배는 콜럼버스가 서인도 제도를 탐험하고 원주민들로부터 선물로 받아 귀국한 후 유럽에 최초로 소개하였다. 멕시코가 원산인 고추도 1493년 1차 항해 후 귀국하면서 스페인에 처음으로 가지고 왔고, 고구마도 이때 배에서 식량으로 사용하였다. 앞서 본 작물은 모두 아메리카가 원산지이며, 대항해 시대 이후 유럽을 통해 전 세계로 퍼져나갔다. 이러한 근대 작물은 우리나라에는 조선 후기에 들어와 이후 재배되었다. 그러니 일반적인 생각과 달리 그 이전에는 이런 작물이 우리나라에 존재하지 않았다.

우리 상식을 벗어나는 다른 예를 보자. 인도와는 전혀 관련이 없는 곳에 인도 명칭이 쓰이고 있는 곳을 볼 수 있다. 중미 아메리카의 카리브해의 섬들을 일컫는 말로 서인도 제도(West Indies)가 있다. 또 서부 영화에서 흔히 보는 아메리카 원주민을 인디언(Indian, 인도인)이라고 부른다. 지금도 쓰이고 있는 이런 명칭은 1492년 10월 콜럼버스가 산살바도르섬에 상륙했을 때 이곳을 인도로 오인한 데서 유래하였다. 카리브해(Caribbean sea)라는 명명도 당시 근처 섬에 살고 있다는 식인종 이름을 따서 지었다.

이처럼 콜럼버스의 우연한 발견은 그가 당시에는 상상하지 못할 정도로 세계의 문명을 변화시키는 계기가 되었다. 그 이후 바다를 통해 연결된 지구는 하나의 생활양식과 문화가 퍼져 오늘날에 이르고 있다. 죽는 순간까지 자신이 도착한 곳을 인도라고 믿었던 콜럼버스가 오늘날의 모습을 본다면 깜짝 놀랄 것이다. 그럼 이제부터 콜럼버스의 산타마리아호[1]를 타고 지팡구를 찾아 탐험을 떠나 보자.

1. **산타마리아호**
콜럼버스가 태평양 횡단에 이용한 선박으로 150톤급 길이 23미터 선박이다.

황금을 찾으러 떠난 바다의 십자군

때는 1492년 4월 17일. 스페인 산타페. 두 사내가 같은 서류를 들여다보고 있었다. 한 명은 국왕의 대리인이었고, 다른 한 명은 콜럼버스의 대리인이었다. 둘은 다소 무모해 보이는 서쪽으로의 항해 계획에 합의하는 서명을 했다. 콜럼버스에게는 7년의 기다림이 끝나는 순간이었다.

산타페 협약으로 알려진 이 문서에는 콜럼버스가 스페인 왕으로부터 "새로 발견

산타페 협약에 서명하는 이사벨 여왕과 콜럼버스. 바크라프 브로지이크, 〈스페인 궁중의 콜럼버스〉, 1884.

세바스티아노 피옴보, 〈콜럼버스 초상화〉, 1519.

할 땅의 총독이 되고, 발견한 금, 보석 등 재물의 10분의 1에 대한 권리를 가지며, 교역사업에 8분의 1 출자할 권리를 가진다.”는 내용이 들어 있었다.

크리스토퍼 콜럼버스(Christopher Columbus)는 1451년경 제노바 직조공 집안에서 출생했다. 그는 젊어서 지중해에서 서원 생활을 하였고, 1476년 우연히 포르투갈에 입국하게 되었다. 그때부터 10년간 서쪽으로의 항해를 구상하였다. 거기서 그는 포르투갈 식민지였던 마데이라 총독의 딸과 결혼하였는데, 그것은 하층민 출신이었던 그가 대양 항해의 경험을 쌓고 왕에게 접근할 기회가 되었다.

2. 지팡구
‘일본국'을 중국에서 ‘지펀구'로 불렸는데, 마르코 폴로가 『동방견문록』에서 이를 음차하여 황금의 나라 ‘지팡구'라고 소개했다. ‘Japan'이라는 단어의 기원이 되었다.

마르코 폴로가 쓴 《동방견문록》의 애독자이기도 했던 콜럼버스는 1488년 디아스가 희망봉을 돌아 인도 항로를 발견하자 마음이 바빠졌다. 포르투갈보다 지팡구[2]의 황금을 선점하고 싶었기 때문이었다.

그는 1485년부터 포르투갈 왕실과 스페인 왕실을 넘나들며 아시아 사업계획을 제안했지만 번번이 거절당했다. 마지막으로 스페인 왕 이사벨라를 설득했지만, 검토위원회에서 다시 기각되었다. 결국 프랑스로 떠나기로 마음먹었다. 하지만 그는 운이 좋은 사나이였다. 그 절망의 순간에 왕은 마음을 바꿔 그의 사업을 후원하기로 결정했다. 유명한 신대륙 발견의 신화가 시작되었다.

우리는 흔히 콜럼버스의 달걀 이야기를 통해 그를 알고 있다. 달걀을 깨서 세우

듯이 기존 질서를 혁신적으로 바꾸고, 모험심에 불타서 신대륙으로 떠난 항해인으로 그를 기억한다. 하지만 달걀 이야기는 역사적으로 증명되지 않았다. 또 탐험 정신으로 무장하고 아메리카를 발견한 위대한 항해가라는 이미지는 후대 유럽인이 인위적으로 만들었을 가능성이 크다.

그렇다면 콜럼버스는 왜 위험을 무릅쓰고 한 번도 가 본 적이 없는 서쪽으로 항해하려 했을까? 당시 유럽인은 대양을 항해했던 경험이 없었고, 선원 생활은 비참했었다. '모험심', '탐험 정신'은 후대 사람들이 만들어낸 추상적이 수사였지, 당시 선원들의 현실과는 어울리지 않는 단어였다.

그렇다면 주검이 흔했던 전인미답의 탐험길을 그가 기꺼이 떠난 진짜 이유는 무엇인가? 오랜 십자군 전쟁과 세계 제국 몽골이 만들어 놓은 무역 네트워크는 유라시아를 하나로 묶었다. 동쪽 중국에서 중앙아시아, 아랍을 거쳐 유럽까지, 문명과 물자

윌리엄 호가스, 〈콜럼버스의 달걀〉, 1752.

뱅자맹 콩스탕, 〈콘스탄티노플에 입성하는 메메트 2세〉, 1876

의 통로가 막힘이 없었다. 이런 교류 과정에서 《동방견문록》에 나오는 쿠빌라이 칸 이야기나 황금의 나라 지팡구 이야기는 유럽인에게 동방을 향한 호기심과 신비감을 만들기에 충분했다.

중국에서 오는 도자기나 비단, 인도에서 오는 향료는 엄중한 회색의 유럽을 호화롭고 생기발랄하게 바꾸는 신비한 물건이었다. 유럽의 귀족들은 비단의 화려함과 향료의 향취에 끝없이 매혹되었다. 동방에서 유럽 귀족의 손까지 12단계를 거친 후추는 원산지 가격의 60배에 이르렀다. 이러한 물건들은 지중해–홍해–아랍해를 잇는 바닷길을 통하거나 중앙아시아 초원길을 통해 유럽으로 들어왔다.

그런데 1453년 오스만 제국은 껍데기만 남은 비잔틴 제국을 무너뜨렸다. 흑해와 지중해는 무슬림의 바다로 변했고, 동쪽으로부터 오는 매혹적인 물건과 이야기는 끊겨 버렸다. 이렇게 동서 교역이 차단되자, 유럽은 아직 가본 적이 없는 바다로 진출하기 시작했다. 이제 육지의 국가와 국경은 무의미해졌고, 대신 바다에서 자연의 힘을 어떻게 극복하느냐가 중요해졌다.

탐험가를 동방으로 이끈 또 다른 이유는 기독교 복음을 전파하려는 중세적인 믿음이었다. 기독교 복음을 전파하고 하느님의 세계를 만드는 일은 중세 유럽에서 무엇보다 중요한 사명이었다. 하느님의 구원을 받아야 하는 것은 유럽뿐 아니라 동쪽에도 해당되는 진리였다. 11세기 이후 십자군 전쟁이나, 15세기 레콩키스타는 이러한 사명의 실천이었다. 칼 대신 성경을 든 십자군이 바다로 나갔다.

콜럼버스 머릿속 한 편에 지팡구의 황금이 어른거렸고, 다른 편에 불쌍한 동방의 영혼을 구원할 염원이 불타올랐다. 유럽과 아시아 사이를 가로막고 있는 이슬람을 우회하여 서쪽 바다로의 탐험은 이렇게 시작되었다.

무모하기까지 했지만, 행운이 따랐던 서인도 발견

하지만 누구도 항해한 적이 없던 서쪽 바다를 어떻게 건널지, 또 서쪽으로 계속해서 항해하면 지팡구나 인도가 나올지에 대한 확신이 없었다. 15세기에 오늘날과 같은 최신 항해 장비를 갖추고 사실적인 해도에 근거해서 항행할 수는 없었다. 그의 서쪽으로의 항해 계획은 과학적이라기보다 다분히 중세적이었다.

그가 지구를 보는 시각은 고대 철학자의 생각이나 성경에 합치되는 것이었다. 이에 따르면 지구표면은 대부분 육지로 이루어져 있어, 대양을 합쳐도 지구 표면의 6분의 1밖에 안 된다는 것이었다. 이에 기초할 때 서쪽 바다를 건너면, 머지않아 지팡구에 닿을 수 있다는 생각이었다. 또 유명한 학자였던 토스카넬리의 주장을 그대로 믿었다. 즉, 아시아와 유럽 사이의 바다는 좁으며, 서쪽 항해가 아프리카를 도는 항로보다 8,000km 가깝다는 주장이었다.

항해하는 동안 바다 한가운데 전설의 기독교 왕인 프레

1492년 마르틴 베하임이 제작한 현존하는 가장 오래된 지구의.

3. **프레스터 존**
이슬람권 너머 동
쪽에 강력한 기독
교 왕국이 존재한
다는 중세 유럽의
전설을 말한다.

스터 존[3]이 다스리는 섬에 들를 수 있다는 믿음
도 있었다. 객관적 인식이기보다 기독교적 색
채가 다분했지만, 당시는 누구나 믿는 상식에
속했다.

콜럼버스의 생각은 비현실적이었으나, 이를
위한 여건은 어느 정도 갖추어져 있었다. 당시
이베리아 반도는 이슬람 문화와 기독교 문화가
700년 이상 공존해오던 교류의 장이었다. 지
리적으로 유럽과 아프리카가 맞닿아 있고, 지
중해의 끝인 동시에 대서양이 시작되는 곳이었
다. 때문에 대양 항해에 가장 유리한 지역이기
는 했다.

먼 바다로 가는 항해술은 아랍 상인과 유대
인으로부터 이미 전해진 상태였다. 그것은 오
래전부터 다우 삼각돛을 갖추고 계절풍을 이용
하여 인도양을 건너다니던 기술이었다. 이를
15세기 포르투갈 항해 왕자 엔히크가 유럽에도
들여왔고, 아프리카를 돌아 인도로 가는 항로
가 이미 개척된 상태였다.

드디어 미흡한 항해 장비를 갖춘 배에 막연
한 두려움을 품은 선원을 데리고 출발할 순간
이 되었다. 1492년 8월 3일 캐럭선 산타마리아

콜럼버스는 제1~4차 항해를 통해 아메리카에 진출, 세계사에 큰 획을 그었다. 〈이미지=123RF〉

호 등 3척에 탄 90명의 탐험대가 대서양으로 항해하기 시작했다. 총 4차례 항해 중 첫 출항이었다.

출발 후 아프리카 서북쪽 연안의 카나리아 제도에 들러 휴식을 취한 탐험대는 곧바로 서쪽으로 향했다. 당시의 항해 기술로는 배의 위치나 항해한 거리를 정확히 측정하기는 어려웠다. 단순한 형태의 나침반으로 방향을 잡고 모래시계로 거리를 측정하는 게 고작이었다.

탐험대는 북위 28도를 크게 벗어나지 않고 서진했다. 북위 40도 근처에는 바람이 많고 불안정하여 항해하기 힘든 수역이었다. 반면에 적도 부근은 무풍지대이기 때문에 배를 움직일 수가 없었다. 탐험대가 북위 28도를 따라 서진하여 육지를 발견한 것은 행운의 여신이 함께했기에 가능했다.

순조롭던 항해에 문제가 생긴 것은 아메리카에 도착하기 이틀 전인 10월 10일이었다. 너무 멀리 왔기 때문에 돌아갈 수 없을지도 모른다는 공포심에 휩싸인 선원들이 반기를 들고 귀항을 주장했다. 콜럼버스는 선원들에게 황금의 보상을 상기시키며 하루만 더 가 보자고 설득했다.

그리고 이틀 뒤인 10월 12일 새벽, 선원 로드리고가 "티에라! 티에라!(육지다! 육지다!)"를 외쳤다. 스페인을 출항한 지 69일, 중간에 들렀던 카나리아로부터 33일 만이었다. 콜럼버스는 그들이 도착한 미지의 섬에 '성스러운 구세주'라는 의미의 산살바도르(San Salvador)라 이름 지었다.

섬에 도착하여 원주민을 만났다. 그들은 남자든 여자든 벌거벗은 채 다녔다. 무기를 전혀 가지고 있지 않았고, 무기라는 개념 자체를 알지도 못했다. 섬에 처음 보는 식물이 많았는데, 그 중에 원주민이 잎을 말아 불을 붙이고 연기를 마시는 특별한 것이 있었다. 그들은 이것을 토바코(Tobaco)라 불렀다. 그 외에도 감자, 옥수수, 토마토, 고추, 땅콩, 호박 등이 있었다.

콜럼버스는 이후 탐험했던 쿠바를 중국 땅 일부라 생각하였고, 자신은 중국과 인도 사이에 있다고 확신하였다. 몇몇 섬을 더 탐험한 후, 1493년 3월 콜럼버스는 아시아 항해를 증명하는 금은, 동식물, 원주민을 데리고 스페인으로 돌아왔다.

일행은 비록 많은 황금을 가지고 돌아오지는 못했지만, 유럽에서 유명해졌다. 1493년 9월 2차 항해는 선박 17척, 인원 1,500명의 대규모로 출발했다. 사실 최초 구상은 아시아 곳곳에 상관을 설치하고 향료를 가지고 돌아와 이익을 남기는 것이었다. 그러나 아메리카 현지 사정으로는 그런 식의 교역이 불가능했다.

이를 깨닫자 상호 간 교역에서 일방적 문명화로 정책이 바뀌었다. 그때부터 원주민은 학살당하거나 노예로 전락했고, 아메리카는 식민의 대상이 되었다. 노예보다 황금을 기대했던 왕은 무능한 총독 콜럼버스에게 더 이상 신뢰를 주지 않았다. 이제 용감한 탐험가보다는 식민지를 잘 관리하여 황금을 안겨줄 행정가가 필요했다.

그 이후로도 콜럼버스는 두 차례 더 항해했다. 하지만 이제 왕은 그에게서 권한을 거두었으며, 실제로 그가 황금을 가져올 가능성도 희박했다. 3차 항해(1498년~1500년) 때는 식민지 분란의 책임으로 쇠사슬에 묶인 채 본국으로 압송되기까지 하였다. 4차 항해(1502년~1504년)는 4척의 배로 초라하게 출발하여 온두라스를 발견하는 등의 미미한 성과만 거두었다. 결국, 그는 평생에 걸쳐 이룩했던 성과에 대해 인정받지 못하는 것을 괴로워하다, 1506년 5월 생을 마감하였다.

아일랜드 월트톤 광장에 건립된 수도사 브렌던 동상. 〈이미지=Unsplash〉

콜럼버스 항해가 남긴 영광과 상처

우리는 콜럼버스가 아메리카를 최초로 발견했다고 알고 있다. 하지만 이는 사실이 아니다. 콜럼버스가 신대륙을 최초로 발견했다는 것은 다분히 유럽적인 시각이다. 아메리카는 2만 5천 년 전 시베리아에서 북아메리카로 이주했던 동아시아계 이주민이 최초로 발견했다.

콜럼버스 이전에 아메리카에 도착했던 유럽인도 있었다. 약 570년경 아일랜드 수도사 브렌던(Brendan)의 항해가 그것이다. 그의 항해는 10세기 《수도사 성 브렌던의 항해》에 기록되어 있는데, 인간이 원죄를 짓기 전에 살았던 지상낙원으로 항해했다는 내용이다. 그는 9~10m 정도의 코러클(coracle)[4]선에 돛을 달고 14명의 수도사

4. **코러클(corade)선**
나무를 엮어 골격을 만들고 짐승가죽이나 나무껍집을 붙인 동그랗고 작은 배를 말한다.

와 항해하였다.

한참 후 다른 유럽인이 아메리카에 도착하였는데, 11세기경 바이킹이었다. 그들은 거친 바다에 능숙했고, 두려움을 몰랐으며, 모험을 즐기는 민족이었다. 1003년경 바이킹 에릭손(Eiríksson)은 그린란드에서 남쪽으로 항해하여 아메리카 대륙에 도착했다. 한편 중국 정화는 1405년부터 1433년까지 7차에 걸쳐 아시아, 아랍, 아프

맹견을 동원하여 원주민을 학살하는 발보아. 테오도르 브리, 1594.

리카를 원정하였다. 이를 두고 영국의 개빈 멘지스는 제6차 원정에서 정화 소함대가 희망봉을 돌아 아메리카에 도달했었다고 주장하기도 하였다.

콜럼버스 항해가 최초 아메리카 발견은 아니라 할지라도, 세계사에 엄청난 영향을 끼친 것은 사실이다. 그의 항해가 유럽인에게는 위대한 신대륙의 발견이었겠지만, 아메리카 원주민에게는 참혹한 문명파괴의 서막이었다. 유럽인은 황금 때문에 수많은 원주민을 학살하고 노예로 삼았다. 코르테스가 아즈텍 문명을 정복하거나 피사로가 잉카 문명을 무너뜨리는 과정은 참혹하기까지 하였다.

오늘날 유럽인 후예들은 매년 10월 12일을 콜럼버스의 날로 정하여 대대적으로 기념하고 있다. 하지만 베네수엘라, 코스타리카 등 중남미 국가에서는 콜럼버스가 역사상 가장 큰 학살을 촉발시킨 침략자라고 하며 이날을 원주민 저항의 날로 정하

고 있다.

아시아도 오랫동안 유럽의 식민지배가 이루어졌지만, 아메리카는 인종 자체가 말살되고 원주민 대신 유럽인으로 대체되었다. 당시 스페인의 강압적 통치에 시달리다 죽어간 한 원주민의 절규는 아메리카 정복의 역사를 다시금 생각하게 한다.

"만약 천국에 스페인 사람들이 있다면 나는 그곳에 가고 싶지 않다"(말뚝에 묶여 화형을 당하기 전 쿠바 원주민 추장 하타이가 남긴 말)

14
부드러운 황금, 모피를 찾아 떠난 콜럼버스의 후예들

영화 《인터스텔라》는 지구의 종말을 그리고 있다. 더 이상 인류가 살 수 없는 지구를 버리고 대체 행성을 찾아 떠나는 비장한 장면이 나온다. 마치 성경 속의 노아의 방주를 연상케 한다. 푸른 별 지구의 미래는 이 영화에서처럼 생물이 살 수 없는 폐허로 변할 것인가?

지구 생태계는 이제까지 다섯 차례의 대량 멸종을 경험했다고 한다. 대량 멸종 (mass extinction)은 동식물종의 75% 이상이 급격히 사라지는 것을 의미한다. 이런 현상을 가져온 것은 운석과의 충돌이나 급격한 기후 변화, 수면 상승 등 천재지변에 의한 것이었다.

유발 하라리는 《사피엔스》에서 지적하듯이 인류는 다른 동물 종에게 치명적인 종이다. 인류는 20만 년 전 동아프리카를 떠나 세계 각지로 퍼져나가면서 이를 증명하였다. 인간이 이동하고 도착하는 정착지마다 학살과 멸종이 이어졌다. 가는 곳마다

영화 인터스텔라(Interstellar, 2014) 포스터

대형 동물, 그러니까 먹을거리가 좀 있는 동물은 모두 사라져갔다. 유라시아를 거쳐 아메리카로, 태평양의 섬을 지나 호주로, 가는 곳마다 결과는 비슷했다.

대항해 출항 신호는 대량 멸종의 신호탄이었다

하지만 이것도 유럽인이 배를 타고 대항해에 나서기 시작한 16세기 이후와 비교하면 별것 아니다. 탐험의 깃발이 올라가자 멸종의 시곗바늘이 빠르게 돌아가면서 제6의 대량 멸종이 본격화되었다. 이전의 천재지변에 의한 것이나 인간에 의하더라도 국지적 형태로 진행된 것과는 달랐다. 바다를 통하여 전 지구적으로 항해하여 나아갔고, 다양한 종에 걸쳐 광범위한 참극이 시작되었다.

신대륙이 발견되기 전에도 유럽에는 동물 학살이 있었다. 식용으로, 스포츠나 볼거리용으로, 보온이나 장식용으로 야생 동물을 죽였다. 인구가 늘면서 다양한 동물이 유럽에서 사라졌다. 소의 조상인 오록스, 유럽 들소, 날지 못하는 바닷새 오크, 카스피 호랑이, 바바리 사자, 유럽 표범과 큰 곰 등이 멸종되었다. 생존한 종들도 그 수가 심각히 줄어들었다.

1492년 콜럼버스의 항해 이후 유럽인들은 신대륙으로 쇄도하였다. 최초로 아메리카, 호주, 태평양의 섬에 도착한 유럽인들은 새롭고 풍부한 자연에 놀랐다. 1658년 오대호에 도착한 프랑스인은 "물고기와 철갑상어가 잔뜩 있어 연대 하나를 한 달 먹일 식량도 몇 시간이면 구할 수 있다"라고

신대륙 아메리카들소. 〈이미지=Pixabay〉

적었다. 도낏자루를 던져도 철갑상어를 잡을 수 있을 정도였다. 또 18세기 말 호주에 도착한 쿡(Cook)은 "물고기가 얼마나 많은지 그물을 뚫을 지경이고, 새들은 인간을 무서워하지 않기 때문에 잡기가 식은 죽 먹기다"고 기록하였다.

1. 나그네 비둘기
  북아메리카에 새의 1/3을 차지하던 종으로 10조 마리 정도로 추정되고 비둘기 떼가 지나가면 몇 시간 동안 하늘을 덮어 어두울 정도였다고 한다.

이러한 자연상태는 오래가지 못했다. 유럽인이 도착한 모든 곳에서 살육이 시작되었다. 들판을 가득 메웠던 아메리카들소가 대부분 사라졌고, 몇 시간 동안 하늘을 빽빽이 메우며 날아갔다는 나그네 비둘기[1]도 1914년 멸종되었다. 호주에는 유럽에서 들여온 소, 양, 돼지, 낙타가 토종 야생 동물을 대치했다. 몇 마리 들여왔던 토끼가 5억 마리로 늘어났고, 운반용으로 들여온 낙타는 호주 사막으로 뛰쳐나가 아랍의 낙타 수 전체보다 많아졌다. 이렇게 인간의 필요에 따라 들여온 가축이 예상치 못한 재앙으로 발전하였다.

부드러운 황금을 찾아 나서다

'검은 황금' 후추를 찾아 떠났던 콜럼버스의 후예들은 이제 '부드러운 황금'으로 불리던 모피에 매료되었다. 모피는 유럽에서 수요가 넘쳐났고 그만큼 큰 돈벌이가 되었다. 로마 시대부터 모피는 유럽에서 교역의 대상이었다. 그런데 중세 초가 되자 모피가 보온을 위한 용도뿐 아니라 신분을 상징하는 용도로 사용되었다. 귀족이나 왕실에서 수요가 폭증하였다. 헨리 8세가 입는 가운 하나에 350마리 담비 가죽이 쓰였다거나 리처드 2세는 한 해에 10만 마리의 다람쥐 가죽을 사들였다는 이야기가 있다.

16세기가 되자 남획으로 유럽에서 모피 동물이 거의 사라졌다. 그러자 러시아 지역까지 담비, 여우, 비버, 다람쥐를 찾아 나섰다. 동토의 땅 시베리아를 개척하게 된 것은 모피 때문이었다. 그것도 오래가지 못했다. 결국 18세기 말에는 북태평양 베링해의 해달, 물개 가죽으로 눈을 돌렸다. 1750년~1790년 사이 25만 마리 해달을 잡았다.

한편 북아메리카도 유럽인의 탐욕스러운 눈길을 벗어날 수 없었다. 모피를 갈구하던 러시안 모피상들은 베링해를 넘어 러시아령 알래스카로 진출하였다. 또한 대서양을 건너온 유럽인이 북아메리카를 동쪽에서 서쪽으로 횡단하게 한 개척의 원동력은 비버 모피였다. 강과 하천에 득실대고 있던 아메리카 비버는 덫으로 잡기가 쉬웠고 유럽 비버보다 몸집이 컸기 때문에 모피량도 많았다.

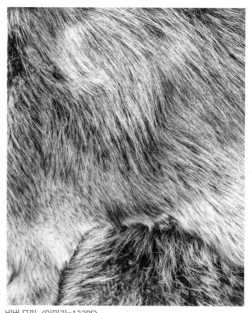

비버 모피. 〈이미지=123RF〉

캐나다를 최초로 탐험했다고 알려진 인물인 카르티에는 사실 모피상이었다. 그는 1534년 원주민과 처음 접촉했을 때 비버 가죽을 교환했다. 유럽 모피상들에게 캐나다는 비버가 득실거리는 기회의 땅이었다. 곧 조직적인 학살과 교역이 시작되었다. 이들은 직접 잡기도 했지만, 원주민이나 부랑자를 고용하여 대량으로 비버를 사냥했다.

1840년 한 여행가는 당시 상황을 이렇게 기록했다. "전체를 싹쓸이했다. 미시시피에서 서쪽의 콜로라도까지, 북쪽의 빙하지대에서 멕시코까지 비버 사냥꾼은 모든 계곡과 강에 덫을 놓았다." 곰, 여우, 들 토끼, 담비, 수달 등도 예외가 아니었다. 오늘날 유명한 캐나다 유통회사인 허드슨 베이 컴퍼니(HBC)도 당시 영국이 만들었던 모피 회사가 기원이다.

2. 비버 전쟁
17세기 중반에 북아메리카 동부에서 비버 모피 무역 독점권을 둘러싸고 영국과 프랑스 사이에 벌어진 전쟁이다.

영국과 프랑스는 비버 가죽에 대한 이권을 놓고 7년 동안의 비버 전쟁[2]을 벌였다. 여기서 패배한 프랑스가 캐나다에서 지배력을 상실하고 물러났다. 이로 인해 캐나다는 지금도 영어와 프랑스어를 공용어로 사용하고 있으며, 동부 퀘백주 등에서는 프랑스어를 더 많이 사용하고 있다.

바다에서 나타나는 멸종의 징후

유럽인의 동물 학살은 바다라고 예외가 아니었다. 최고의 경제성을 가진 동물은 고래였다. 바스크족이나 북아메리카 원주민, 호주 원주민이 전통적인 방식으로 고래를 잡아 왔다. 그러나 상업적 목적으로 대규모 포경이 시작된 것은 16세기 이후 유럽인에 의해서였다. 석탄과 석유를 사용하기 전 포경산업은 황금알을 낳는 거위였다. 고래 기름은 다양한 용도로 사용되었고, 비싸게 팔려 나갔다.

스피츠베르겐제도의 네덜란드 포경선. 〈에이브러햄 스톡, 1690〉

17세기 말부터는 영국 식민지였던 미국의 뉴잉글랜드에서 포경이 시작되었다. 초기 연안에서 수염고래나 북극고래를 잡았다. 이후 향고래[3]가 품질 좋은 기름을 다량 갖고 있다는 사실이 알려지면서 포경의 극적인 전환점이 되었다. 미국의 포경선은 이제 혼 곳을 돌아 태평양까지 진출했다.

19세기 미국의 포경은 이제 거대한 산업으로 발전했다. 세계 최대 포경의 전진기지였던 뉴잉글랜드 항구들에는 포경선과 고래처리 공장으로 가득했다. 1864년 모선에서 포를 쏘아 고래를 공격할 수 있는 작살포를 발명하였다. 이 발명은 포경의 산업화 시대를 열었고, 빠르게 헤엄치는 대형종까지 멸종위기로 내몰았다. 20세기에 접어들면서 고래들의 고향인 남극 바다에는 포경포를 갖춘 포경선과 거대한 가공선이 가득하게 되었다. 이들 움직이는 고래 공장은 경제적 이윤이 바닥에 이르기까지 학살을 지속했다.

한편, 바다에서도 모피를 찾아 나섰다. 바다표범, 물개 등은 18세기 후반에 남대서양과 남극해에서 살육당했다. 육지에서 새끼를 낳고 키우는 습성을 이용해 해안에 올라오는 것을 때려잡았다. 배 한 척이 한 철에 몇만 마리를 죽였다. 한 지역이 멸종되면 새로운 지역으로 이동하는 방식은 비버의 경우와 비슷했다. 이후 남인도양에서도 같은 일이 벌어졌고 다시 호주 지역으로 옮겨갔다.

북대서양 얼음 위에서는 하프물범이 방망이를 맞고 죽어갔다. 새로 태어난 새끼 물범의 하얀 모피가 주로 표적이었다. 알류산 열도나 알래스카 부근에 러시아인 해달 사냥꾼이 해달이 바닥나자 바다표범으로 눈을 돌렸다. 한 마리 몸무게가 수 톤에 이르는 코끼리 물범은 모피가 아니라 기름을 얻기 위해 잡았다. 이런 식으로 18세기 말에서 20세기 초까지 물범류가 어림잡아 6,000만 마리가 도살된 것으로 추정된다.

3. 향고래
이빨을 가진 고래류 중 가장 크며 몸길이 수컷 19m, 암컷 13m까지 자라고 몸무게 최대 57톤에 이르며 온몸이 회색이다.

이제는 영원히 보지 못할 경이로운 친구들

대항해가 인간에게 미친 여파가 세계의 식민지화였다면, 동물 생태계에 미친 후폭풍은 종의 멸종이었다. 탐험이라는 이름으로 전 지구적으로 행해진 살육은 돌이키지 못할 결과를 가져왔다. 고립된 섬이나 지역의 환경에 맞춰 진화해 온 고유종들은 갑작스러운 인간 출현에 속수무책이었다. 그리고 멸종 동물 리스트에 이름을 올렸다. 이제는 지구상에서 볼 수 없는 우아하고 아름다운 친구들은 이렇게 사라져 갔다.

멸종 동물의 상징으로 인용되는 도도(dodo)새는 인도양의 모리셔스 섬에 서식했었다. 새 이름이 포르투갈어로 '어리석다'라는 의미에서 왔다. 도도새가 사람을 두려워하지도 않고, 날지도 못했기 때문에 지어진 이름이었다. 도도새는 섬에 맹수가 없었기 때문에 날개가 퇴화하였고, 땅에 둥지를 틀고 나무에서 떨어진 과일을 먹고 살았다. 몸무게는 23kg 정도로 칠면조보다 컸다.

1505년 포르투갈인이 당도하면서 이 섬은 향료 무역을 위한 중간 경유지가 되었다. 이 새는 신선한 고기를 원하는 선원들에게 매우 좋은 사냥감이었다. 많은 수의 도도새가 무력하게 죽어갔다. 1681년에 마지막 새가 죽임을 당했다.

거대한 바다소는 베링해 차가운 해안에 살았었다. 러시아 표트르 황제가 보낸 베링 탐험대는 북태평양 작은 섬에 조난당했다. 일행 중 과학자인 게오르크 슈텔러는 거기서 코끼리보다 더 큰 해양포유류가 얕은 바다에서 둥둥 떠 있는 것을 발견하였다. 그의 이름을 딴 스텔러바다소는 온순하여 사람을 두려워하지 않았다. 동료에게 무슨 일이 생기면 도울 만큼 온순한 초식 동물

멸종 동물의 상징, 도도새. 〈이미지=123RF〉

이었다. 그런데 그 고기가 지방이 많고 맛있다고 전해지면서 사냥이 시작됐고, 발견 이후 27년 만에 멸종되었다. 덩치는 훨씬 작지만, 사촌 격인 매너티·듀공⁴⁾도 오늘날 멸종위기에 내몰리고 있다.

북해에서 멸종한 새도 있다. 큰 바다쇠오리는 펭귄처럼 생겼고 북대서양과 북극 해에 서식하던 바닷새의 일종이었다. 큰 바다쇠오리는 북극곰 이외에 천적이 없었으며, 사람에 대한 공포심이 없고 오히려 호기심을 보였다고 한다. 이러한 특성이 오히려 화를 불러 사냥감이 되었고, 그 깃털과 고기 등을 얻기 위해 무분별한 사냥이 시작되었다. 1844년 멸종되었다.

탐험이란 이름으로 지구 곳곳에 유럽인이 진출하면서 사라져간 동물은 이외에도 많다. 날지 못하는 커다란 바닷새 오크, 호주의 테즈메이니아 주머니 늑대, 카리브 해의 몽크바다표범, 양쯔강 돌고래 등 셀 수도 없을 정도다. 심지어 인간종도 멸종

4. 매너티·듀공
따뜻한 바다에서 사는 바다소 종류를 말한다. 두 종류의 가장 큰 차이점은 꼬리 모양이 듀공은 고래처럼 갈라진 모양인 반면 매너티는 주걱처럼 둥글다.

스텔러바다소. 〈프랑스국립도서관〉

1876년 태즈메이니아 원주민

되었다.

　호주 남쪽에 위치한 태즈메이니아에 살았던 태즈메이니아인이 그 예이다. 1800년 초 유럽인이 섬에 도착했다. 당시 그들의 인구는 5,000~10,000명 정도로 추정되었다. 몇만 년 동안 거기에 살고 있었지만, 유럽인과 함께 온 전염병에 취약했던 이들은 불과 70여 년만인 1876년 멸종되었다. 하지만 이것은 기록이 남아있는 경우였다. 유럽인의 탐험으로 수많은 인간 종족이 아메리카, 태평양, 아프리카의 섬과 밀림에서 멸종되었을 것이다. 그들이 살았던 흔적조차 남기지 않은 채…….

　필자가 자랐던 어린 시절의 시골은 집 주변에 많은 동물이 살았었다. 흙담에서 구렁이가 기어 나오고 초가지붕 처마 속에는 참새가 보금자리를 잡았다. 마루 위 대들보에서 제비가 새끼를 키웠고 마당에는 새들이 날아들었다. 비라도 오는 날이면 두엄 밭에 맹꽁이가 울고 두꺼비가 기어 다녔다. 개울에는 자라나 온갖 물고기가 지천이었다. 뒷산에서 하늘소나 사슴벌레를 잡는 것은 꼬마들의 일상이었다.

　그런데 이들은 모두 어디로 간 것일까? 대부분 자취를 감추었거나 천연기념물로 지정되어 귀한 몸이 되었다. 기껏 40여 년이 지났지만, 전혀 다른 생태계 환경으로 바뀌었다. 황폐화된 자연은 구르는 수레바퀴처럼 되돌릴 수 없다.

　여러 과학자들은 제6의 대량 멸종이 이미 시작되었다고 경고하고 있다. 제5의 대량 멸종까지와는 달리, 이번 경우는 철저히 인간에 의해 진행되고 있다. 그리고 마이클 테너슨이 《인간 이후》에서 예고하듯이 멸종 리스트에는 사피엔스의 이름도 포함될 것이다. 지구 위 대부분의 다른 동물이 멸종하고 난 후, 사피엔스만 살아가는 것은 불가능하기 때문이다. 그리고 보면 스스로에게 붙인 '호모 사피엔스(지혜로운 사람)'라는 이름이 부끄러울 만큼 탐욕스럽고 어리석은 존재가 우리 인간이다.

활어 먹을까? 선어 먹을까?

횟집에 가면 살아있는 물고기가 담긴 수조를 볼 수 있다. 그 안에 열 중의 아홉은 광어와 우럭이 들어있다. 손님이 주문하면 수조 안에 펄떡펄떡 튀는 물고기를 잡아 회를 떠준다. 이처럼 한국인은 활어를 유별나게 사랑한다. 주로 선어를 먹는 일본인은 혀로 느끼는 감칠맛과 미각을 중시하는 반면, 한국인은 씹는 맛과 식감이 있는 활어를 선호한다. 여기에 '활어=살아있는 생선, 선어=죽은 생선'이라는 인식도 선어를 멀리하는데 한몫해 왔다.

광어, 우럭, 돔이 수조에 많은 이유는 이들이 회로 씹을 때 식감이 뛰어난 흰살생선이기 때문이다. 이 생선들은 근육 중에 조직을 이어주는 질긴 성분인 콜라겐 함량이 많다. 그래서 탱글탱글한 식감이 잘 난다. 특히, 복어는 종잇장처럼 얇게 썰어 먹는다.

그렇다면 선어는 어떤가? 선어는 생선을 일정 시간 숙성시켰다가 먹는 방법이다. 숙성된 횟감은 살이 부드럽고 퍼석해지는 반면, 감칠맛을 느낄 수 있다. 생선살이 숙성되면서 나오는 이노신산(inosinic acid) 때문이다. 이노신산은 숙성한 지 하루가 되면 극대화되는데, 활어 상태보다 10배까지 늘어나기도 한다.

주로 선어로 먹는 종류는 참치, 방어, 고등어 등 붉은 살 생선인데, 영양분, 기능성 성분이 많고 혀로 느끼는 맛이 뛰어나다. 두껍게 썰어도 물렁물렁한 식감밖에 없는 반면, 특유의 풍미와 감칠맛을 즐길 수 있다.

생선을 찍는 소스도 다르다. 오래 씹는 식감으로 먹는 경우는 입안에 맛이 오래 남는 고추장을 곁들이고, 혀끝의 맛으로 먹는 경우는 고추냉이와 간장을 곁들이는 것이 낫다. 하지만, 자극성 강한 마늘, 된장, 고추를 쌈에 싸서 회와 먹는 우리 문화에서는 어차피 회 맛을 느끼기는 어렵다.

오늘 저녁 활어 먹을까? 선어 먹을까? 그다지 고민할 필요 없다. 탱글탱글한 식감을 즐기려면 활어를, 혀끝에 감기는 감칠맛을 즐기려면 선어를 선택하면 된다.

15

해적인가? 제독인가?
바다의 기인, 드레이크 경

칠레에서 마젤란 해협 발견 450주년을 맞아 1971년 발행한 우표.
〈이미지=123RF〉

역사상 최초의 세계 일주는 포르투갈 마젤란의 항해였다. 마젤란 일행은 1519년부터 3년간 남아메리카를 돌아 태평양을 항해하고 괌·필리핀을 거쳐 귀항하였다. 하지만 선장이던 마젤란은 필리핀에서 사망하였고, 항해 중 식량부족과 괴혈병에 시달리며 돌아온 일행은 18명뿐이었다. 후대에 명성을 남기기는 했으나 당사자들에게는 처참한 결말이었다.

이에 반해 두 번째로 세계를 일주한 이는 그 자체로는 조명받지 못했지만, 화려하고 유쾌한 결말로 끝났다고 할 수 있다. 그 주인공은 유명한 해적이었던 바다의 기인 프랜시스 드레이크(Francis Drake)였다. 그의 함대가 영국을 출항, 대서양을 건너 아메리카 대륙과 태평양을 거쳐 돌아온 것은 마젤란과 비슷했다. 하지만 드레이크의

당신만 몰랐던 매혹적인 바다이야기 27 | 알고 보면 신기하고 재미있는 Sea Story

일주는 마젤란과 같이 탐험 정신에 불타는 역경의 항해가 아니었다.

다양한 수식어가 따라다니는 기인 드레이크

드레이크의 이름 앞에는 '해적, 제독, 전쟁 부사령관, 탐험가, 시장, 귀족' 등 다양한 수식어가 붙는다. 흥미로운 점은 그를 표현하는 수식어들이 의미상 서로 조화될 수 없는 단어라는 것이다. 해적왕이었던 사람이 해적을 잡는 제독이 되었다거나, 미지를 여행하는 탐험가가 마을의 시장을 한다는 것이 쉽게 이해가 되지 않는다.

영국 폴리머스에 있는 드레이크 동상. 〈이미지=Pixabay〉

그는 가난한 농촌에서 태어났지만, 막대한 부와 명예를 거머쥐었다. 미천한 신분에서 시작하였지만, 나중에는 고귀한 귀족이 되었다. 해적으로서 명성을 떨쳤는가 하면, 전쟁에서 나라를 구했던 영웅이었다. 일생을 바다에서 활동했고, 바다에서 생을 마쳤던 괴짜 항해가. 그의 드라마틱한 삶의 궤적을 쫓아가 보자.

그가 활동했던 시기는 1563~1596년 사이였다. 이 시기는 콜럼버스가 신대륙을 발견한 후 100년 정도가 지난 때로, 스페인이 유럽의 맹주 역할을 하고 있었다. 보통 영국을 '해가 지지 않는 제국'이라 하지만, 16세기 당시 이 명칭이 어울리는 나라는 스페인이었다. 스페인은 이베리아반도, 벨기에, 네덜란드, 프랑스와 독일의 일부, 이탈리아 북부와 남부, 오스트리아 등을 다스렸다. 또 아메리카 대륙 전체, 필리핀, 아프리카 여러 곳에 식민지를 소유하고 있었다. 한마디로 유럽 전체를 대표하는 가톨릭의 맹주였다.

또 신대륙과 무역을 독점하고 있었는데, 무역이라기보다는 자원을 착취하고 수탈했다는 것이 옳은 표현일 것이다. 아무튼 스페인은 신대륙으로부터 가져온 막대한 금과 은을 기반으로 튼튼한 경제력을 갖추고 있었으며, 그 위에 무적함대[1]로 대표되는 압도적인 군사력도 보유하고 있었다.

1. **무적함대**
16세기 유럽 최강을 자랑하던 스페인의 해군 함대를 말한다. 1588년 칼레해전에서 영국 해군의 습격을 받아 패하였다.

반면, 16세기 영국은 왕실 수입이 이탈리아 북부 도시인 밀라노 공국의 재정에도 못 미칠 정도로 가난했다. 변변한 군대를 보유하지 못했고, 식민지도 없었다. 게다가 엘리자베스 여왕의 아버지인 헨리8세가 가톨릭을 버리고 신교를 만드는 바람에 교황과 스페인의 미움을 사고 있었다. 당시 유럽에서 영국은 변방의 작은 섬나라 정도로 여겨졌다.

이 시기 드레이크는 영국 농촌에서 태어났다. 열 살을 넘겼을 무렵부터 이미 항해에 종사했다. 스무 살이 되어서는 친척이자 노예무역상인 존 호킨스(John Hawkins) 밑에서 일했다. 호킨스는 스페인 왕실이 독점하던 아메리카 무역에 끼어들어 밀무역을 하였다. 아프리카에서 노예를 싣고 스페인령 아메리카에 팔고, 물건을 몰래 유럽으로 들여와 돈을 벌었다.

그러다가 한 사건이 발생했다. 호킨스 선단이 멕시코 베라크루스 부근에서 인질을 교환하자는 약속을 파기한 스페인 해군의 기습을 받았다. 선단은 괴멸되었고, 드레이크는 목숨만 겨우 건져 영국으로 돌아왔다. 이 경험은 그가 평생 스페인에 대한 복수심을 품게 만드는 계기가 되었다.

콜럼버스의 신대륙 발견으로 식민지를 선점한 스페인은 신대륙으로부터 막대한

양의 금과 은을 약탈해 가져왔다. 이에 따라 그러한 배를 노리는 해적들이 카리브해 곳곳에 활개를 치게 되었다. 그중에서 호킨스나 드레이크는 스페인의 가장 큰 골칫거리였으며, 스페인 왕실은 영국의 엘리자베스 여왕에게 이들의 처벌을 강력히 요구했다.

하지만 여왕은 겉으로는 처벌을 약속했지만, 속으로는 처벌할 생각이 추호도 없었다. 오히려 여왕은 해적 행위를 부추기며 지원하고 있었다. 당시 영국 왕실은 제대로 된 해군을 운용할 재정 형편이 되지 못했다. 그래서 드레이크와 같은 사략선(私掠船, privateer ship)을 이용하면, 세금을 쓰지 않고도 상대국을 제압할 수 있고, 동시에 탈취한 보물은 국가 재정에 큰 보탬이 되므로 일석이조 효과가 있었다. 또한, 드레이크로서도 미천한 해적이 왕실로부터 공인을 받고 활동을 하는 것이니, 노획물 일부를 왕실에 상납하는 정도는 흔쾌히 받아들였다.

이런 연유로 엘리자베스 여왕은 드레이크에게 사략(私掠, privateering) 허가장을 주었다. 사략 행위는 국가로부터 허가장을 받은 개인이 선박을 무장시켜 상대국의 배를 노략질하는 것을 뜻한다. 적성국에 대한 전투 행위와 해적 행위가 동시에 포함되어 있다고 할 수 있다. 드레이크는 이런 사략 행위의 달인이었고, 엘리자베스는 그를 후원하는 사실상의 해적 여왕이었다.

영국 런던에 전시된 드레이크 함대의 기함 골든하인드호 레플리카. 〈이미지=123RF〉

세계 일주인가? 해적질 일주인가?

1570년 이후 드레이크는 카리브해의 스

드레이크에게 기사 작위를 수여하는 엘리자베스 여왕. 〈영국 국립초상화박물관〉

페인 선박이나 식민지 마을을 습격하는 등의 사략 행위를 본격적으로 시작했다. 드레이크의 사략 행위 정점은 앞서 소개한 세계 일주에서였다. 1577년 드레이크는 골든하인드(Golden Hind)호를 타고 영국 남부의 플리머스 항을 출항하였다. 대서양에서 남아메리카 남단의 마젤란 해협을 거쳐 태평양까지 진출했다. 그리고는 칠레, 페루 연안을 통해 북상하면서 스페인 식민지나 배를 닥치는 대로 덮쳐 막대한 재물을 약탈했다. 그중에는 스페인 왕실의 보물을 실은 카카푸에고(Cacafuego)호도 있었다. 카카푸에고호에는 은 26톤, 금 36kg 등 90톤 가량의 재물이 적재되어 있었고, 이것들을 옮겨 싣는 데 나흘이 걸렸다고 한다.

이렇게 막대한 보물을 탈취하는 데는 성공하였으나, 이제 영국으로 돌아갈 길이 막막하였다. 아메리카 서안을 따라 지금의 캘리포니아까지 올라간 함대가 유럽으로 돌아가기 쉬운 항로는 왔던 길을 되짚어 대서양을 건너는 방법이었다. 하지만 막강한 스페인 함대가 곳곳의 길목을 지키고 있었다. 드레이크는 "마젤란도 세계 일주를 했는데 나도 못 할 것이 없다"라고 생각하며 태평양을 건너 인도항로로 향했다. 드레이크의 세계 일주는 탐험을 위한 것이 아니라, 사실상 스페인의 배를 피하기 위한 궁여지책의 도주로였다.

1580년 골든 하인드호[2]는 우여곡절 끝에 영국으로 귀항했다. 배에는 스페인으로부터 약탈한 금은보화가 쌓여있었고, 곧 여왕에게 바쳐졌다. 그 가치는 당시 영국의 국고 세입을 훨씬 넘는 것이었다. 여왕은 플리머스 항으로 직접 나왔다. 그리고 배에서 내려 무릎을 꿇은 드레이크의 목에 칼을 겨누었다. 드레이크를 처벌하라는 스페인의 요구를 들어주려는 것일까? 하지만 칼을 높이 치켜든 여왕은 칼로 드레이크의 목을 내려치는 대신 양 어깨에 얹었다. 그에게 기사 작위를 수여한 것이었다. 여왕으로서 자존심은 있었지만, 가난한 나라의 군주였던 그녀로서는 불가피한 선택이었을 것이다.

2. 골든 하인드호
1577년부터 1580년까지 드레이크가 세계 일주를 하는데 사용했던 배로 길이 21.3m 폭 5.8m로 약 150톤이며 돛을 이용하여 항해하였다.

오랜 해적질 경험을 살려 전쟁을 승리로 이끌다

이 일로 인해 1588년 영국-스페인 전쟁이 발발했다. 전쟁이 일어난 데는 다른 이유도 있었다. 가톨릭을 배척했던 엘리자베스는 필리페 2세의 청혼을 거절하였고, 스페인의 영지였던 신교국가 네덜란드 반군을 지원하

J. 루테르부르, 〈무적함대의 패배〉, 1796.

였다. 이러한 여왕의 행동은 결국 유럽 최강국 군주이며 가톨릭의 신봉자였던 필리페 2세의 분노를 폭발하게 했다.

이렇게 시작된 전쟁은 오히려 드레이크가 영국의 영웅으로 확실히 자리매김하는 기회를 만들어 주었다. 당시 스페인은 최강의 육군과 무적함대를 보유하고 있었다. 반면 영국은 변변한 군대가 없어, 전쟁이 일어나면 제후들에게 징집하는 정도였다. 스페인 육군이 영국에 상륙한다면 그걸로 끝이라는 것을 여왕도 알고 있었다. 영국으로서는 바다에서 적을 막아내는 것 외에 선택지가 없었다.

드레이크는 전쟁을 책임지는 부사령관에 임명되었다. 당시 해상 전투는 고대로부터 내려오는 방식으로 진행되었다. 늘어선 양 진영의 배가 가까워지면 함포 사격을 벌이다가, 더 근접하면 적군의 배에 뛰어올라 육박전을 치르는 식이었다. 육군이 강한 스페인이 해군도 강했던 이유가 여기 있었다.

3. 레이스 빌트 갤리온
16세기부터 18세기에 걸쳐 유럽인들이 이용한 대형 함선으로 해전용, 상업용 등 다양한 방면에서 활용되었다. 선수가 낮아지고 선체가 길어져서 조종성이 용이하고 속력이 빨라졌다.

4. 카락선
주 돛대가 3개가량 있고 삼각형 모양의 돛을 단 범선으로 대항해 시대 대서양 항해에 주로 사용되었다.

드레이크가 군함으로 이용한 '레이스 빌트 갤리온'.
〈이미지=123RF〉

하지만 해적 생활을 통해 자유분방하고 과감한 사고에 익숙해 있었던 드레이크는 생소하며 혁신적인 전투방식을 시도하였다. 먼저, 기동성이 뛰어나고 중무장한 레이스 빌트 갤리온(race-built galleon)[3]을 사용하였다. 이 배는 길고 날렵하여 빠른 방향 전환이 가능했다. 당시 짐을 많이 싣는 카락선[4]이 무게 중심이 높아 기동성과 안정성이 떨어지는 것을 보완한 것이었다. 뿐만 아니라 함포를 대량으로 설치하여 화력을 높였다. 또 대포는 무겁고 비싼 청동제 대신에 철제를 개량하여 사정거리 확장하였다.

영국 함대는 근접전을 펼치지 않고 일정 거리로 떨어져 포격전을 전개했다. 전면전을 피하면서 기동성을 이용한 치고 빠지기식 전술을 구사하여 무적함대가 제대로 공격할 기회를 주지 않았다. 이와 함께, 불붙인 배를 칼레항에 정박 중인 스페인 진영으로 밀어넣는 기상천외한 공격을 펼쳤다. 스페인 함대는 갑작스러운 화공에 혼비백산하여 무적함대의 대표 전술인 초승달 대형이 무너지며 흩어졌다. 드레이크의 활약으로 무적함대는 침몰하기 시작하였고, 영국-스페인 전쟁은 영국 승리로 막을 내렸다.

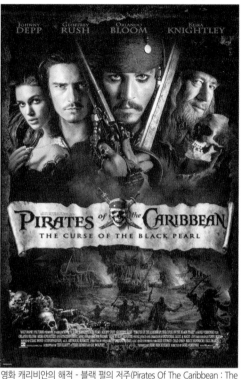

영화 캐리비안의 해적 - 블랙 펄의 저주(Pirates Of The Caribbean : The Curse Of The Black Pearl, 2003) 포스터

영화 《캐리비안의 해적》에는 해골 문양의 졸리 로저(Jolly Roger) 깃발을 달고 약탈을 일삼는 수많은 해적이 출현한다. 특히 영화에서 팬들에게 큰 사랑을 받았던 잭 스패로우 선장은 비열한 이기주의자로, 때로는 생각지도 못한 천방지축의 행동을 하지만 멋지게 목적을 달성해낸다. 해적으로서 활약상이나 독특한 캐릭터로 볼 때, 드레이크는 잭 스패로우 선장과 이미지가 맞아떨어진다.

한편으로 드레이크의 해상 전투를 보면, 비슷한 시기의 이순신 장군을 보는 듯하다. 방향 전환이 용이한 판옥선에 함포를 대량으로 설치하여 포격전으로 적을 제압한 것이나, 연안 조류를 전투에 적절히 이용한 것은 바다를 잘 아는 사람만이 가능한 일이었다. 왜적으로부터 조선을 지켜낸 이순신 장군에게 '성웅(聖雄)'이라는 존칭이 멋지게 어울리듯이, 영국을 지켜낸 드레이크에게도 영국 왕실이 수여한 'Sir(경)'라는 존칭이 잘 어울린다.

해적 잭 스패로우의 경박하고 이기적인 이미지와 이순신 장군의 근엄하고 장중한 이미지를 동시에 가진 바다의 괴짜 드레이크 경. 그는 과연 약탈을 일삼던 해적인가? 나라를 구한 제독인가?

16
천 만 명의 쿤타킨테가
노예선을 탄 까닭은?

《뿌리》는 1976년 실화를 바탕으로 알렉스 헤일리가 쓴 소설이다. 이 소설은 1767년 아프리카에서 노예 사냥꾼에게 붙잡혀 미국으로 끌려온 쿤타킨테와 후손들이 겪은 수난과 자유를 찾는 여정을 그렸다. 실제로 알렉스 헤일리는 주인공 쿤타킨테의 외가 쪽 7대손이었다.

그는 조상들의 고통을 직접 체험하기 위해 아프리카에서 아메리카로 가는 화물선을 탔었다. 그리고 항해하는 동안 쿤타킨테처럼 팬티만 걸친 채 딱딱한 바닥에 거적을 깔고 잠을 잤다고 한다.

미국에서 드라마로 제작된 《뿌리》의 장면을

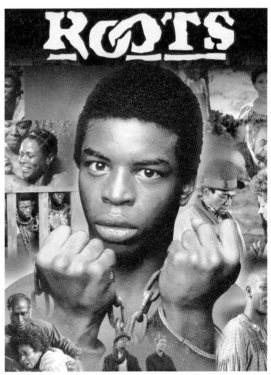

미국 드라마 뿌리(roots, 1977) 포스터

보면 누구나 당시 흑인 노예의 비참함과 절망감을 느낄 수 있다. 천만 명 이상 흑인이 식민지로 끌려갔던 노예무역은 무려 300년 이상 지속되었다. 누가 이들을 사냥하고 강제로 노예선에 태웠는가? 왜 이들은 고향을 떠나 낯선 아메리카로 가야만 했는가? 감추고 싶은 인류의 흑 역사, 바다 위의 지옥이었던 노예 수송선의 비밀을 알아보자.

혀끝의 달콤한 유혹, 설탕이 가져온 나비효과

나비 효과는 나비의 날갯짓과 같은 작은 사건이 추후 예상하지 못한 엄청난 결과로 이어진다는 이론을 말한다. 그 예로서 브라질에서 나비의 날갯짓이 텍사스에서 토네이도를 일으킬 수 있다고 설명한다. 혀끝에 감기는 설탕의 달콤함이 흑인 노예제도를 촉발했다면 지나친 비약일까? 하지만 흑인 노예제도가 어떻게 시작되었는가를 추적해보면 이 말에 공감할 수도 있을 것이다.

흑인 노예제도를 단순화시키면 이렇다. 유럽에서 설탕 소비가 증가하였다. 설탕 공급을 위해 식민지에서 사탕수수 재배가 본격화되었다. 그래서 더 많은 노동력이 필요했다. 그리고 이것이 흑인 노예 수입으로 이어졌다.

순수한 설탕을 자당(蔗糖)이라고 한다. 백설탕은 자당 그 자체인데 자당의 비율이 높을수록 열량도 높다. 자당은 몸에 바로 흡수되어 열량으로 쓰일 수 있는 데다 중독성도 있다. 설탕이 코카인 등의 마약과 비슷한 정도의 만족감을 주며 강한 중독성이 있다는 최근 연구 결과도 있다.

사탕수수나 사탕무에서 자당을 결정화하는 기술은 4세기경 인도에서 개발되었다. 유럽에는 십자군 원정을 통해 11세기경 전파되었는데, 사탕수수를 재배할 수 있는 곳이 지중해 일부만 가능해서 비싼 작물이었다. 그러던 것이 콜럼버스의 2차 항해 때 식민지 아메리카로 가져가 재배되기 시작하였다.

이후 사탕수수는 식민지 플랜테이션[1]에서 대량으로 재배되었다. 설탕은 왕족과 귀족을 중심으로 소비량이 꾸준히 늘어났다. 한동안 설탕은 귀족들의 사치품으로 각광을 받았는데, 이로 인해 영국의 엘리자베스 여왕은 이가 시꺼멓게 썩을 정도였다고 한다. 그러다가 노

사탕수수를 재배하는 흑인.

동자의 식생활을 상징하는 식품으로 변모하였다. 설탕 가격이 계속 낮아져서 같은 돈으로 채소나 고기를 사는 것보다 설탕이 열량 면에서 훨씬 효율적이었다. 초기에라면 한 봉지가 일반 가정집의 한 끼 식사보다 비쌌겠지만, 오늘날 가난한 사람이 라면으로 삼시 세끼를 해결하는 것과 비슷하다 할 수 있다.

식민지에서 플랜테이션 농장이 늘어나면서 노동력 공급 문제에 직면하였다. 플랜테이션 운영은 지극히 노동집약적 형태였다. 먼저 넓은 밭에서 키 크게 자란 사탕수수를 베어서 압착기로 즙을 짜냈다. 이것을 큰 솥에서 몇 단계에 걸쳐 끓이고 정제하여 결정 덩어리를 얻었다. 이 과정은 일일이 사람 손을 거쳐야 했으므로 노동력이 필요했다. 게다가 연료로 쓰일 많은 땔감을 구하는 인력도 필요했다.

그런데 하필 멀리 떨어진 아프리카 흑인이 지목되어 끌려 왔는가? 초기부터 아프리카에서 흑인 노예를 들여온 것은 아니었다. 최초에는 유럽에서 데려온 하층민

1. 플랜테이션 (plantation)
서양인이 자본 기술을 제공하고 열대의 노동에 견딜 수 있는 원주민의 값싼 노동력을 이용해서 경작하는 기업적인 농업경영을 말한다.

바야돌리드 논쟁.

계약 노동자들을 사용했었다. 하지만 적은 임금을 받고 뜨거운 열대에서 중노동을 감당할 사람은 거의 없었다. 이번에는 아메리카 원주민을 동원하였다. 하지만 이들은 체력이 약한 데다 유럽인이 들여온 전염병으로 인구 대부분이 절멸한 상태였다.

이런 상황에서 1550년 유명한 바야돌리드 논쟁이 벌어졌다. 이것은 아메리카 원주민을 어떻게 볼 것인가의 인권에 관한 토론이었다. 여기서 철학자 세풀베다는 "인디오는 노예일 뿐이고 유럽인과 동등하지 않다"라는 주장을 펼쳤다. 선교사 라스카사스는 반대 입장이었다. "인디오도 유럽인과 같은 인간이다"라고 주장하였다.

그런데 회의 결과는 이후 엉뚱하고 엄청난 후폭풍을 몰고 왔다. 교황의 명을 받고 회의를 주재한 살바토레 론체리 추기경은 인디오 논쟁을 라스카사스 주장대로 결정했다. 하지만 식민지의 인력 문제가 시급하므로 인격체로 볼 수 없는 아프리카 흑인을 데려오자고 결론지었다. 결국 설탕에 매료된 유럽인의 입맛이 흑인 노예제도를 탄생시켰다. 17세기가 되자 아프리카는 유럽인의 노예 사냥터로 변했다.

흑역사를 가진 신사의 나라

흔히 영국을 신사의 나라라고 한다. 하지만 영국이 독점했던 흑인 노예제도에 대한 진실을 알고서도 그렇게 생각할지는 미지수다.

영국에서 노예무역 시초는 1562년 호킨스였다. 그는 아프리카에서 아메리카로 노예를 운송하는 밀무역으로 돈을 벌었다. 호킨스는 엘리자베스 여왕의 후원을 받고 있었다. 1672년 이후 영국은 왕립 아프리카 회사를 만들어 노예무역을 국가가 독점하였다. 명칭에서 보듯이 왕립 아프리카 회사는 국왕의 후원을 받는 회사였다. 그러다가 명예혁명을 거치면서 개인의 자유무역 원칙이 정립되었고, 17세기 말부터 독점권은 상실하였다. 그렇다 하더라도 영국은 1783년까지 시종일관 노예무역을 국가정책으로 장려하였다.

당시는 식민지 무역을 두고 영국, 네덜란드, 프랑스 등이 치열한 경쟁을 펼치던 때였다. 영국은 국가의 흥망성쇠가 걸린 노예무역에 사활을 걸었다. 영국 입장에서 노예제도를 기반으로 한 삼각 무역은 매우 중요한 문제였다. 왜냐하면 스페인령 아메리카에 노예를 독점적으로 공급하면 커다란 경제적 효과를 누릴 수 있기 때문이었다.

삼각 무역의 순환 과정은 이렇다. 영국에서 생산된 상품을 싣고 아프리카에 도착하여 상품을 팔고 노예를 산다. 노예를 아메리카에 팔고 현지의 사탕수수, 목화, 당밀과 같은 천연자원을 매입한다. 다시 이것을 싣고 영국으로 돌아가 천연자원을 판매한다.

호킨스 초상화. 〈영국 국립해양박물관〉

이 과정에서 3중의 이익을 남길 뿐 아니라, 수입된 자원을 이용한 새로운 산업을 발달시킬 수 있었다. 18세기에 발달했던 영국의 도시들은 어떤 식으로든 삼각 무역에 관련이 있었고, 대중에게도 이익이 돌아가는 경제적 효과를 창출했다. 실제로 1783년 이전까지 왕실, 정부, 교회, 일반 여론에 이르기까지 노예무역을 적극 지지하였다.

그런데 영국은 어떻게 경쟁국 네덜란드나 프랑스를 물리치고 노예무역을 독점할 수 있었을까? 초기 아메리카로 공급되던 노예무역은 아프리카 서안에 노예 집적지를 확보하였던 포르투갈이 거의 전담하였다. 노예공급 거점을 확보하기 어려웠던 스페인은 16세기 '아시엔토(asiento)'라는 것을 만들었다.

아시엔토란 국가나 개인이 스페인 왕실과 계약을 통해 연간 일정 수의 노예를 아메리카 항구로 공급할 수 있는 독점권을 말한다. 이에 따라 18세기까지 포르투갈,

흑인 노예무역.

프랑스, 영국뿐만 아니라 개인 자격의 스페인 사람들도 이러한 계약에 참여하였다.

그런 와중에 1701년 스페인 왕위계승 전쟁이 발발하였다. 여기서 영국 등이 승리하면서 스페인으로부터 아시엔토 대부분을 얻어냈다. 이를 계기로 영국은 경쟁국인 네덜란드나 프랑스를 밀어내고 노예무역의 최강자로 우뚝 섰다.

명실상부한 노예무역선의 본거지였던 리버풀항은 노예 수송선이 쉼 없이 오갔다. 이곳에서 노예의 가격이 결정되고 노예사냥의 노하우가 전수되었다. 이곳은 노예의 집산지였으며, 노예 거래가 이루어지는 최대 시장이었다. 1680년~1786년 사이에만 영국이 실어나른 흑인 노예는 2백만 명이 넘었을 것으로 추산된다.

바다 위의 떠다니는 지옥 노예 수송선

아프리카에서 초기 노예사냥은 해안가를 중심으로 이루어졌다. 그리고 내부에 자생하던 노예상들을 이용하기도 하였다. 그러다가 점점 내륙 깊숙한 곳까지 진출하여 이루어졌다. 평화롭게 살고 있는 사람을 잡아 목과 발에 체인을 채우고 해안으로 끌고 갔다. 해안까지 하루에 수십 킬로미터를 이동하며 걷는 과정에서 매질, 영양실조, 질병에 시달렸다. 이러한 과정에서 40%가 사망했다고 한다.

해안가에 도착해서는 배를 타기 전까지 감금되는 수용소에서 대기했다. 이곳에서는 수백 명이 좁은 공간에서 먹고 잠자고 배설을 해야 했다. 여기서 며칠 내지 몇 주를 기다려야 노예 수송선을 탈 수 있었다.

노예 수송을 위한 전용 선박은 주로 리버풀에서 건조되었다. 이 선박은 노예를 최대한 많이 실을 수 있도록 설계되었고, 질식을 막기 위한 통풍구가 필수였다. 또 수갑, 쇠사슬, 채찍, 손가락 고문 도구 등도 비치했다. 심지어 음식을 거부하는 노예에게 목구멍을 억지로 열어 강제 급식을 하는 도구까지 있었다.

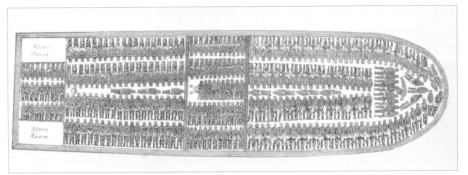

노예 수송선.

　노예 수송선 규모는 100~300톤의 소형이었다. 이 배에 노예 300~ 500명 정도를 태
웠다. 발을 옆 사람 머리 쪽으로 차례로 포개어 화물 쌓듯이 선적했다. 한사람에 배당되
는 공간은 세로 168cm, 가로 40cm 정도로 관보다 적었다. 사람을 태웠다는 다기보다는
빼곡히 채워서 실었다.

　항해하는 동안 체인이 채워진 채 일어서지도 못하며 그 자리서 음식을 먹고 잠을
잤다. 이런 상태로 대서양을 건너는 데는 50일~80일이 걸렸고 심지어 몇 달이 걸렸
다. 빽빽한 밀도, 나쁜 위생 상태, 음식과 물 부족으로 항해 중 많은 노예가 목숨을
잃었다. 마커스 레디커의 《노예선》에 따르면 대략 1500년부터 1870년 기간 동안 1천
240만 명이 노예선을 탔다고 한다. 그리고 이동하는 과정에서 180만 명이 사망했
고 한다.

　노예 수송선의 극단적 사례는 종(Zong)호 사건에서 볼 수 있었다. 100톤이 조금
넘는 종호는 1781년 9월 400명이 넘는 노예를 싣고 아메리카로 향하였다. 두 달 후
보급 부족으로 60명 이상의 노예와 선원이 죽자 선장은 극단적인 명령을 내렸다. 노
예 133명을 바다에 던진 것이었다.

종호가 리버풀항으로 귀항하자 선주는 보험금을 청구했다. 선주의 주장은 배를 구하기 위해 화물을 바다에 던졌으므로 보험금을 지불해야 한다는 것이었다. 결국 선주는 패소하여 보험금은 지급되지 않았지만, 노예를 던진 행위에 대해 종호의 선원은 누구도 처벌받지 않았다. '노예를 던진 것은 말을 던진 것과 마찬가지'라는 법원의 판결이었다. 오늘날 시점에서 보면 극히 극악무도한 사건이었지만, 당시는 노예를 바다에 던진 것이 반인권적인 짓이라고 생각하는 사람은 별로 없었다.

존 뉴턴(John Newton)은 18세기 노예선 선장으로 널리 알려진 인물이었다. 이후 목사가 된 그는 노예선 경험을 참회하며, 찬송가 《어메이징 그레이스(Amazing Grace)》를 만들었고, 노예무역 폐지에도 앞장섰다.

종(zong)호 사건.

오늘날 우리는 아직도 노예제도를 접하며 살고 있다. 미국과 중남미에 살고 있는 많은 쿤타킨테의 후손들이 노예제도이다. 그들이 날마다 접하는 가난과 인종차별, 그리고 절망은 대서양을 건너던 노예선의 기적 소리에 맞닿아 있다. 존 뉴턴은 전향하여 놀라운 축복을 받았겠지만, 그가 운송했던 검은 상품들은 오늘날까지 놀라운 축복(Amazing Grace)을 경험한 적이 없다.

자연산이냐? 양식산이냐?

"광어 1kg : 양식산 000원, 자연산 시가."

어디서 많이 본 익숙한 메뉴판이다. 메뉴판을 보자마자 도대체 '시가'는 얼마일까 궁금해진다. 그리고 갈등하기 시작할 것이다. 이런 경험은 누구나 한 번쯤 있을 것이다.

그렇다면 3~4배 가격을 치르고 자연산을 먹을 가치가 있을까? 먹는다 하더라도 자연산과 양식산을 구별할 수 있을까? 우리나라에 유통되는 활어에서 자연산은 10% 미만이다. 살아있는 상태에서 겉모습으로 자연산과 양식산 구별이 가능하나, 회를 떠서 접시에 담아놓으면 구별이 어렵다.

예를 들면, 광어의 경우는 자연산과 양식산 구별이 의외로 간단하다. 뒤집어 놓았을 때 자연산은 배의 빛깔이 깨끗하고 하얗지만, 양식산은 배에 얼룩얼룩한 무늬가 있다.

자연산은 운동량이 많아 지방 함량이 적고 육질이 단단하여 담백한 맛이 나고, 양식산은 운동량이 적고 지방 함량이 높아 연하고 고소한 맛이 난다고 한다. 하지만 이 차이는 전문가가 아니면 구별하기 쉽지 않다. 더욱이 마늘, 풋고추, 초장을 회와 함께 싸 먹는 쌈 문화에서는 구별이 거의 불가능하다.

자연산은 넓은 환경에서 자유롭게 자랐기 때문에 좁은 횟집 수조에서 양식산보다 더 많은 스트레스를 받는다. 수조에서 펄떡펄떡 튀는 상태를 우리는 싱싱하다고 믿지만, 사실은 스트레스를 받아 그런 행동을 보이는 것이다. 반면 양식산은 좁은 곳에서 길러졌기 때문에 수조에서 안정적인 모습을 보인다.

생선의 불포화 지방은 몸에 좋은 성분이 많다. 그리고 이런 기능성 성분인 EPA 및 DHA가 자연산보다 양식산에 많이 들어있다. 양식용 사료로 정어리와 같은 등 푸른 생선을 주로 사용하기 때문이다.

오늘부터 횟집에 가서 메뉴판의 시가를 보고 고민하지 말자. 영양가도 많이 들었다 하니, 그냥 싸고 맛있는 양식산을 제 가격에 먹자.

17
바다를 향한 집념의 화신,
괴짜 황제 표트르 대제

추위가 지켜준다는 나라, 러시아는 어떤 나라인가? 바이킹의 일족이 동유럽에 세운 슬라브족의 나라. 나폴레옹도 히틀러도 점령하지 못했던 동토의 땅. 추위만큼 강렬한 독주인 보드카를 즐기는 나라. 서쪽의 상트페테르부르크에서 해가 지고 있을 때 동쪽의 블라디보스토크에서 해가 뜨는 거대한 나라…….

오늘날 러시아가 있기까지 바다로 진출하기 위한 한 황제의 집념과 노력이 있었다. 바다를 사랑했고 바다를 통해 근대 러시아의 기반을 다진 위대한 군주. 낙후된 러시아를 기발한 실천력으로 근대화시켰던 괴짜 차르.[1] 500년 조선왕조 기반을 다졌던 태종을 연상케 하는 황제. 그가 바로 표트르 대제다. 지금부터 그의 이야기를 시작해 보자.

1. 차르
러시아의 황제를 일컫는 용어로 로마의 Caesar에서 유래되었다.

불운했던 어린 시절을 딛고

고드프리 넬러, 〈러시아의 황제, 표트르 대제〉, 1698.

1672년 5월 30일 러시아 황궁에 아기 울음소리가 울려 퍼졌다. 표트르 1세(Pyotr I)가 태어난 것이었다. 네 살이 되던 해인 1676년 정치적 암투로 인해 황궁에서 쫓겨나 인근 마을에서 자랐다. 어린 표트르는 인접한 외국인 집단거주지에 가서 자주 놀곤 했다.

당시 러시아는 외국인에게 폐쇄적이어서 외국인 집단거주지를 만들고 그곳에만 거주시켰다. 이러한 유년기의 경험은 나중에 유럽을 모델로 러시아의 후진성을 극복하고 근대화와 국력 강화를 추진하게 되는 배경이 되었다.

그의 나이 10세였던 1682년. 표트르는 이복형인 이반과 공동으로 차르에 즉위하였다. 1696년 지능이 떨어졌던 이반이 죽고, 그를 대신해 섭정을 하던 누나 소피아와 권력투쟁에서 승리한 표트르는 단독 황제가 되었다.

2. 농노제
영주는 농민을 보호하고, 농민은 병역과 세금의 의무를 부담하였던 사회제도를 말한다.

당시 유럽은 르네상스, 종교개혁 이후 대항해 시대를 거치면서 식민지 개척을 통해 부를 축적하였고 과학기술이 발달하였다. 반면 러시아는 경제, 문화, 과학 면에서 유럽 국가에 비교하여 100년가량 뒤떨어진 상태였다.

러시아는 중세의 상징이던 농노제[2]가 그대로 남아있었고, 슬라브족의 전통과 문화를 중시하는 폐쇄된 유럽의 변방이었다. 구 귀족들은 유럽의 과학기술이 러시아 전통과 문화를 어지럽힐 것을 우려하였다. 그래서 대다수 러시아인은 유럽의 선진 문화를 배척하는 분위기였다. 덩치는 컸지만 아직 힘이 없는 북극곰이었다.

하지만 젊은 황제 표트르는 달랐다. 그는 누구보다 러시아를 사랑했다. 러시아를 유럽 열강과 어깨를 나란히 하는 국가로 만들고 싶었다. 그는 국가이익을 무엇보다 우선하였다. 그리고 몸소 실천하는 실용주의자였다. 그 스스로가 전쟁에서 병사이며 지휘관으로 활약했었고, 포수, 선원, 조선소 노동자의 생활을 경험했다. 그는 말했다. "보라 형제여! 나는 러시아의 황제다. 그러나 나의 손은 굳은살 투성이다. 이는 모두 그대들에게 모범을 보이기 위한 것이다."

그는 키가 2미터가 넘는 거구였으며, 하루 종일 일하는 일벌레였다. 다양한 분야에 능력을 발휘했던 그는 항해술, 조선술, 군사 운용술, 석공, 목공, 철공 등에 전문가 수준의 능력을 보였다. 그리고 관심 분야도 넓었다. 검술, 승마 등 운동에도 능했을 뿐만 아니라, 외과술, 치과술에도 관심이 있어 신하로부터 실습용으로 뽑은 치아 1포대를 소장하고 있을 정도였다.

선진 유럽을 둘러보고 바다로의 진출을 꿈꾸다

황제가 된 후 표트르는 러시아의 낙후된 현실에 번민했다. 그는 고루한 슬라브족 전통과 관습을 버리고, 유럽 선진제도를 모델로 개혁을 추진해야 한다고 생각했다. 그리고 실천에 돌입하였다. 1697년 20대 젊은 황제는 신분을 숨기고, 선진 문물을 공부하러 유럽으로 유학을 떠났다. 천 대의 썰매가 끄는 250명의 사절단은 전례가 없는 일이었다.

당시 선진국이었던 스웨덴, 네덜란드, 영국, 프로이센, 오스트리아 등을 15개월

네덜란드에서 조선술을 배우고 있는 **표트르**. 다니엘 맥리스, 1857.

동안 방문하였다. 황제는 미하일로프라는 가명을 쓰면서 신분을 숨겼다. 사절단장은 신하에게 맡기고 방문하는 곳마다 장교, 조선공, 건축공 등으로 신분을 바꾸었다. 황제로서 의례적인 외교절차에 따른 시간을 아끼기 위해서였다. 그의 배움에 대한 의지는 황제의 신분보다 중요했다.

3. 동인도회사
17세기 유럽 각국이 인도 및 동남아시아와 무역하기 위하여 인도에 세운 무역회사를 말한다.

평범한 마을의 좁은 방을 빌려 숙식하기도 하였다. 표트르는 혼자 성벽을 조사하다가 경비병의 총에 맞을 뻔한 적도 있다. 암스테르담 동인도회사[3] 조선소에서 일하면서 다른 수련생과 함께 목재를 나르기도 했다. 영국에 갔을 때 선진화된 해군 함정을 둘러보고 "러시아의 차르보다 영국의 해군 제독으로 지내는 삶이 훨씬 행복하다고 생각한다"라는 말을 남기기도 하였다. 그런 그는 "나는 학생이며 선생들을 찾고 있다"라고 새겨진 인장을 항상 가지고 다녔다고 한다.

사절단은 공장, 작업장, 병원, 군사시설, 천문대, 해부학 교실, 건축, 운하, 대학, 무기고, 학술원 등 거의 모든 선진 시설을 둘러보았다. 그는 각국을 돌며 다양한 공부를 하였으며, 그중에서도 특히 영국에서의 관함식, 선박 건조에 관심이 많았다. 표트르가 조선술에 관심을 가진 이유는 강력한 해양력을 만들어 흑해와 발트해 등 바다로 진출하려는 목적에서였다.

1697년 유럽을 방문하고 돌아온 표트르는 러시아 전통과의 단절을 선언했다. 직접 신하들의 수염과 긴 러시아식 옷을 가위로 잘랐다. 수염을 깎지 않으려는 사람들에게 수염세를 물렸다. 당시 신의 형상에 따라 자란 수염을 자르는 것은 신에 대한 모독이었다.

또한 러시아 최초로 해군을 창설하고 러시아 과학원도 설립했다. 의무교육을 확대하고 박물관과 도서관도 지었다. 수공업 공장을 대폭 증설하였으며, 포병 및 해양학교도 설립하여 기술자를 길러내기 시작했다.

그는 바다를 진정으로 사랑한 군주였다. 일생에 걸쳐 표트르의 내면을 지배하고 있었던 것은 바다에 대한 열망이었다. 바다를 통해 부국을 이룬 유럽 문명의 속내를 알고 있었다. 또 내륙국이었던 러시아의 약점을 정확히 진단하고 러시아가 살길은 바다로 나아가는 것뿐이라는 것을 알고 있었다.

귀족의 수염을 자르는 광경. 〈런던 국립미술관〉

상트페테르부르크의 표트르 대제 동상. 〈이미지=Pixabay〉

고민 끝에 바다로 나아갈 수 있는 관문을 만들기로 했다. 외국과의 전쟁과 백성의 희생을 딛고 상트페테르부르크를 건설했다. 그리고 800년 제국의 수도 모스크바를 두고 수도를 이전했다. 유럽과 바다를 통하여 교역하고 이를 통해 부국을 이루려는 표트르의 굳은 의지의 표현이었다.

러시아 탐험대, 베링해와 알래스카를 발견하다

한편, 표트르는 러시아 동쪽의 바다에 대해서도 궁금증이 많았다. 1725년 그는 스웨덴 출신 해군 장교였던 비투스 베링에게 "러시아의 끝이 북아메리카와 육지로 연결되어 있는지를 확인하고 오라"고 명령하였다. 베링은 약 9,000㎞를 육로로 걸어 시베리아를 횡단한 뒤, 캄차카반도에 도착하였다. 떠나온 지 3년이 지난 1728년 7월 마침내 바다로 탐험에 나섰다.

배를 타고 육지를 따라 동북쪽으로 계속 나아갔다. 시베리아 동쪽 끝에 도달한 베링은 그곳이 아시아의 끄트머리이고 해안선이 시베리아 서쪽으로 꺾어진다는 사실을 확인하였다. 즉, 아시아와 북아메리카는 떨어져 있고, 그 사이에 바다가 있다는 사실을 발견하였다. 후에 그곳은 그의 이름을 붙여 베링 해협(Bering straits)으로 불린다.

베링 해협을 발견한 비투스 베링.

1733년 베링은 두 번째 탐험에 나섰다. 아시아 건너편에 땅이 있는지 알아보고, 땅이 있다면 좀 더 자세히 확인하기 위해서였다. 두 척의 배를 만들어 1741년 6월에 출발한 탐험대는 5개월 동안 탐험했다. 그러던 중 폭풍우를 만나 조난되면서 캄차카반도의 동쪽에 있는 코만도르스키 제도의 무인도(후에 '베링 섬'으로 명명)에 좌초했

베링해협 풍경. 〈이미지=Pixabay〉

다. 살을 찢는 듯한 추위와 칼날 같은 바람을 막기 위하여 선원들은 모래 구덩이를 파고 움집을 만들어 생활하였다. 선원 중 절반인 31명이 목숨을 잃었으며, 12월 8일 베링도 죽고 말았다.

두 번째 탐험에서 베링 탐험대는 시베리아 끝에 더 이상 땅이 없고 곳곳에 섬(알류산 열도)이 있으며, 건너편에 얼음으로 덮여 있는 큰 땅이 있다는 것을 밝혀냈다. 러시아는 사람을 보내어 그 땅을 통치하기 시작하였으니, 그곳이 지금의 알래스카다.

4. 스텔러바다소
베링해에 서식하였던 바다소로 개척자들이 식량으로 사용하기 위해 무분별하게 남획하여 1768년 멸종되었다.

120여 년이 지난 후인 1867년. 러시아는 알래스카를 아무짝에도 쓸모없는 땅이라고 생각하여 단돈 720만 달러를 받고 미국에 팔았다. 그 후 엄청난 석유와 지하자원이 발견되었고, 더구나 알래스카는 미국에 의해 러시아를 위협하는 군사 기지로 사용되었다. 표트르와 베링이 하늘나라에서 한탄할 일이었다.

그런데 베링 탐험대가 조난되었을 때 신기한 동물을 발견했다. 탐험대는 괴혈병과 굶주림으로 전멸 직전이었다. 그때 일행 중 한 명이 얕은 바다에서 둥둥 떠다니는 거대한 해양 동물을 발견하였다. 마치 전복한 보트가 뒤집혀 이리저리 떠다니는 듯했다. 10톤이나 나가는 거대한 동물은 사람들을 무서워하지 않고 멀뚱멀뚱 바라볼 뿐이었다. 굶주린 탐험대는 코끼리보다 더 크고 순한 이 동물을 잡아먹었고, 극적으로 생존할 수 있었다. 이 동물이 지금은 멸종한 해양포유류인 스텔러바다소(Steller's sea cow)[4]였다. 탐험대 일원이었

스텔러바다소. 〈런던 자연사박물관〉

고 발견했던 과학자 게오르크 빌헬름 슈텔러(George Wilhelm Steller)의 이름을 따서 지었디.

또 근처에 다른 해양포유류도 있었는데, 바다에 사는 해달이었다. 탐험대는 세상에서 가장 보온성이 뛰어난 해달 가죽을 벗겨 추위를 견뎌냈다. 탐험대는 스텔러바다소 고기와 해달 가죽 덕분에 추운 겨울을 겨우 버틸 수 있었고, 이듬해 캄차카 기지로 생환하였다.

바이킹이 세운 나라 북극곰 러시아. 러시아가 초강대국으로 가는 기반을 마련했던 사람이 표트르 대제다. 러시아 과학기술, 중공업, 군사력, 예술, 문화 등 전 분야 발전은 표트르 대제와 여제 예카테리나 대제 때 이루어졌다. 마치 태종이 기반을 마련하고 세종이 다양한 업적을 이루었던 조선처럼.

피도 눈물도 없는 괴짜였지만, 러시아 강성만을 생각하고 몸으로 실천했던 표트르 대제. 그의 머릿속 처음과 끝에는 항상 바다가 있었다.

18

천국으로 통하는 비밀의 열쇠, 상트 페테르부르크

상트페테르부르크에 가 본 적이 있는가? 이 도시는 발트해를 바라보는 네바강 하구에 세워진 도시이다. 이 도시는 수면 면적이 도시 면적의 약 10%를 차지할 정도로 물길과 운하가 많다. 건설 당시 암스테르담과 베네치아에서 영감을 받았다고 한다. 그래서 '북방의 베네치아'라 불린다.

차르 표트르가 1703년 설립한 이 도시는 1713년부터 1918년까지 러시아 제국의 수도였다. 1924년부터 레닌을 기념하여 레닌그라드로 불리다가, 1991년 9월 옛 이름을 되찾았다. 인구는 500만 명이 넘고, 러시아에서 모스크바에 다음으로 큰 도시이다.

춥고 어두우며 원래 습지였던 이 지역에 아름다운 도시가 만들어지기까지 어떤 사연이 있었던 것일까? 여기에는 근대 러시아를 일구었던 위대한 차르 표트르 대제가 있었다. 그리고 그의 바다를 향한 일념이 있었다. 사랑하는 황태자를 희생해가면서

까지 강행했던 상트페테르부르크 건설의 숨은 이야기를 들춰보자.

선진 유럽을 향한 표트르 대제의 큰 구상

1697년 젊은 차르 표트르는 선진 문물을 배우러 유럽을 다녀왔다. 그 후 그의 머릿속은 바다에 대한 생각으로 가득 찼다. 유럽 국가가 선진국으로 발돋움한 것은 바다를 통해서였다고 생각했다. 그리고 표트르는 무모한 구상을 시작했다. 하지만 그의 목표는 명확했다. 러시아를 강대국으로 만드는 것이었다. 그러기 위해서는 바다를 통해 유럽으로 진출할 수 있는 관문이 필요했다.

하지만 러시아가 바다를 통해 세계로 나갈 길은 막혀 있었다. 북극해와 동쪽 태평양은 얼어붙은 바다라서 항구로 적합지 않았고, 발트해로 향하는 통로는 스웨덴이, 흑해로 가는 길목은 튀르크가 막아서고 있었다.

상트페테르부르크는 네바강 하구에 세워진 도시이다. 〈이미지=Pixabay〉

이제 흑해나 발트해로 나가는 거점을 확보하는 것이 러시아 발전의 관건이었다. 자신의 생각을 반드시 실천했던 표트르는 바다를 향한 창을 열기 위해 전쟁을 일으켰다. 먼저 남쪽의 흑해였다. 몇 번 실패 끝에 1696년 흑해 연안의 아조프항을 공격하여 승리를 거두었다. 하지만 흑해로 진출하기에는 튀르크 세력이 너무 강했다.

이번에는 관심을 북쪽 발트해로 돌렸다. 1700년~1721년에 걸쳐 군사 강국이던 스웨덴과 북방전쟁을 치렀다. 전쟁을 위해 교회의 종을 녹여 300개가 넘는 대포를 만들고, 화폐를 대량으로 발행하기도 했다. 마침내 오랜 전쟁 끝에 발트해로 진출하는 네바강 유역을 확보하였다. 그곳은 수로와 육로를 연결하는 교통 요충지이며, 발트해로 통하는 길목이었다.

표트르는 그곳에 새 수도를 건설하기로 마음먹었다. 그는 새 수도를 폐쇄적이고 전통에 얽매인 장소가 아닌 선진 유럽으로 향한 관문에 만들고 싶었다. 전통적 공기

알렉산드르 브누아, 《발틱해안에서 상트페테르부르크의 건설을 구상하는 표트르 대제》, 1916.

가 가득한 크렘린[1]을 대신해 서구 향기가 풍기는 신식 공간으로 옮기고 싶었다. 이 곳을 통해 러시아를 번영시키고 싶었다. 한시라도 빨리 유럽으로 가는 창을 열어젖혀야 했다. 21년간 피 흘리는 전쟁으로 확보한 황량한 강변에서 바다를 바라보는 표트르는 끓어오르는 감회를 억누를 수가 없었다.

1. 크렘린(Kremlin) 러시아 모스크바에 있는 궁전을 말하며, 소련 정부 또는 소련 공산당을 이르던 말로도 사용되었다.

1703년 표트르가 새 수도를 건설하겠다고 했을 때, 사람들은 이 계획을 무모하다 못해 미친 짓으로 받아들였다. 그도 그럴 것이 그 땅은 스웨덴과 전쟁이 한창일 때 포격 거리에 들어가는 최전방이었으며, 짐승들만 어슬렁거리는 늪지대였다. 800년 역사를 지닌 제국의 수도 모스크바를 두고 수도를 옮길 이유가 없었다. 게다가 오랜 전쟁으로 새 수도를 건설할 재정도 비어있는 상태였다.

당연히 슬라브 전통주의자 귀족의 반대가 심했다. 그렇지만 표트르가 보기에 그 반대는 전통으로의 회귀 그리고 과거로의 퇴보를 의미했다. 그는 반대 의견을 폭력적이고 강압적인 방법으로 물리쳤다. 심지어 1718년 아버지의 개혁에 불만을 품고 있던 외아들이며 황태자인 알렉세이를 처형하기까지 하였다. 바다를 향한 그의 집념을 꺾을 만한 것은 없어 보였다.

네바강 변에 만들어지는 새로운 도시

1703년 5월 표트르는 네바강 변에 표트르의 작은 집을 짓고 거기서 기거하기 시작했다. 그리고 초라한 그 집에서 8년을 거주하면서 새 수도의 건설을 지켜보았다. 표트르는 평범한 항구도시를 원치 않았다. 유럽인들이 앞다투어 몰려올 수 있는 화려한 최신식 도시를 원했다. 그렇게 물의 도시 상트페테르부르크 건설이 시작되었다.

상트페테르부르크의 화려한 이면에는 '노동자의 뼈 위에 세운 도시'라는 별명이 있다. 〈이미지=Pixabay〉

하지만 새 도시를 짓기에는 이 지역의 자연환경이 좋지 않았다. 기온이 낮아 추운 데다가 일조량은 연평균 한 달 정도였다. 원래 습지였던 이 지역은 매년 홍수가 터져서 곤혹을 치르기도 했다. 이 때문에 석조 토대가 필요했고, 돌을 쏟아부어 습지를 메울 필요가 있었다. 늪지대 전체를 돌로 메우는 도시 건설은 쉬운 일이 아니었다.

네바강 유역에서는 돌을 구할 수가 없었다. 도시로 들어오는 모든 선박과 사람은 돌을 가져오도록 했다. 외국에서도 돌을 옮겨왔다. 핀란드, 폴란드, 독일 등에서 돌을 가져왔고, 심지어 이탈리아, 우랄, 중동에서도 들여왔다. 귀족들은 계속되는 세금에 시달려야 했고, 일반 백성들은 춥고 습한 건설 현장에서 노역에 시달려야 했다.

더구나 상트페테르부르크 건설은 큰 희생을 동반했다. 이 새로운 도시는 불과 3년 동안에 약 15만 명 가까운 노동자를 삼켜 버렸다. 러시아 역사학자 클류체프스키는 "수많은 전쟁과 전투 기록을 살펴보아도 상트페테르부르크를 건설하면서 죽어 나간 노동자 숫자만큼 많은 희생을 치른 적은 없을 것이다"라고 말할 정도였다. 이 때문에 상드페테르부르크는 '노동자의 뼈 위에 세운 도시'라는 불명예스러운 별명이 붙었다.

아무튼 표트르 대제는 이 도시를 유럽 어느 도시보다 멋지고 화려하게 짓고 싶었다. 장 밥티스트 렘블랑 등 유럽의 유명한 건축가를 불러들였다. 베르사유 궁전 등 유럽의 유명한 건축물을 전부 참고하였다. 물 위에 500여 개의 아름다운 다리도 놓았다. 이렇게 수도 건설은 유럽의 근대성을 담아내려는 눈물 어린 시도였다. 이 도시는 단순한 도시가 아니었다. 새로운 러시아 문화의 방향성을 제시하는 상징이고 기호였다.

2. 표트르의 도시
'표트르'는 '베드로'의 러시아식 표기이다.

천국으로 통하는 열쇠, 상트페테르부르크

마침내 1712년 표트르는 수도를 이곳으로 이전하였다. 바다를 통해 유럽으로 가는 관문, 즉 '천국으로 통하는 열쇠'가 완성된 것이다. 상트 페테르부르크라는 이름은 베드로의 'Peter'와 도시를 뜻하는 '-burg'가 결합된 단어이다. 즉 '성 베드로의 도시'라는 뜻이다. 동시에 표트르의 도시[2]이기도 했다. 표트르에게는 이 도시가 예수님이 베드로에게만 주었다는 천국으로 가는 열쇠와 같이 러시아 발전을 가져오게 될 창이었다.

오늘날 상트페테르부르크는 세계에서 가장 아름다운

여름 궁전의 삼손 분수. 〈이미지=Pixabay〉

도시 중 하나이다. 그중에서도 황제의 여름 궁전은 우아함으로 유명하다. 그곳 정원 분수대 중앙에 거대한 삼손과 사자상이 있다. 삼손은 사자의 주둥이를 찢고 있는데, 러시아가 스웨덴과의 북방전쟁에 승리하여 관문을 차지한 것을 상징한다고 한다. 공교롭게 스웨덴의 국장(國章)은 수사자이다.

또 네바강 변에는 표트르의 청동 기마상이 서 있다. 네바강을 바라보며 말 위에 올라탄 표트르가 말빌굽 아래 큰 뱀을 밟고 있는데, 뱀은 낡은 러시아 전통을 의미하기도 하고 천도를 반대했던 구 귀족을 뜻하기도 한다.

상트페테르부르크 여름궁전 〈이미지=러시아관광개발위원회 제공〉

누구보다 바다를 사랑했고 바다를 통해 러시아를 세계 강국의 반열에 올려놓으려 했던 개혁의 화신 표트르 대제. 그의 꿈이 꿈으로 끝나지 않고 러시아의 영광으로 실현되었던 도시. 바다로 진출하고자 하는 단 하나의 목표를 위해 치러야 했던 수많은 땀과 희생이 깃들어 있는 곳, 상트페테르부르크!

표트르의 눈으로 본다면, 삼면이 바다로 둘러싸인 우리나라는 이미 선진국이 갖추어야 할 최적의 조건을 가진 것은 아닌지?

19
타이타닉호 침몰 뒤에
숨겨진 비밀,
증기선의 속도 경쟁

"내 인생의 가장 큰 행운은 도박에서 딴 티켓으로 당신을 만난거야"

자유로운 영혼을 가진 화가 잭(레오나르도 디카프리오 分)이 타이타닉호에서 로즈(케이트 윈슬렛 分)에게 속삭이던 말이다. 아메리칸 드림을 꿈꾸며 미국으로 향하던 잭은 막강한 재력가의 약혼녀 로즈에게 한눈에 반한다. 잭은 3등 칸에, 로즈는 1등 칸에 승선했지만, 둘은 신분의 차이를 무시한 채 열정적으로 사랑한다. 영화에서 잭과 함께 로즈가 뱃머리에 서서 두 팔을 벌리는 장면은 모든 연인들의 로망이 되었다.

1997년 제임스 카메론이 감독을 맡은 영화 《타이타닉(Titanic)》은 세계인의 이목을 집중시켰다. 영화는 재난 속의 사랑을 소재로 수많은 관객들을 전설의 타이타닉호 갑판 위로 안내했다. 스크린에는 귀족들의 영광과 금지된 사랑, 한 치 앞을 내다보지 못하는 인간의 교만과 운명, 그리고 자연의 위력 앞에 무력한 인간의 존재를 감

1912년 4월 10일, 첫 항해를 떠나는 타이타닉호.

동적으로 그렸다. 영화는 아카데미 최다 11개 부문 수상, 전 세계 박스오피스 수입 총 21억 달러라는 대기록을 달성하며 돌풍을 일으켰다.

하지만, 1912년 4월 14일 현실에서 일어났던 초호화 여객선 타이타닉호의 침몰은 더 영화 같았다. 타이타닉호는 영국 사우스햄프턴에서 2,200여 명의 승객을 태우고 뉴욕으로 향하고 있었다. 자정에 가까운 시각, 눈앞에 갑자기 나타난 빙산을 피하려 급회전을 한 타이타닉호는 배의 오른편이 빙산과 충돌하였다. 그리고 두 시간여 만에 1,500여 명의 승객과 함께 대서양의 깊은 바닷속으로 가라앉았다.

1. 배수량
배의 무게를 재는 단위로서, 물에 뜬 배가 그 무게로 밀어내는 물의 양을 말한다.

타이타닉호는 배수량[1] 4만 6천톤, 길이 269m, 높이 20층으로 당시 가장 큰 배였다. 뿐만 아니라, 이중바닥, 16개 방수격실, 일정 수위가 되면 자동으로 닫히는 문 등 최고 수준의 기술이 적용되어 절대 가라앉지 않는 배라 여겨졌다.

당신만 몰랐던 매혹적인 바다이야기 27 | 알고 보면 신기하고 재미있는 Sea Story

그렇다면 왜? 배 건조기술의 총합체였으며, 누구도 침몰할 거라고 상상 못 했던 타이타닉호가 처녀 항해에서 빙산에 부딪치며 침몰한 것일까? 여기에는 우리가 알지 못하는 다른 비밀이 숨겨져 있었던 것은 아닐까?

배의 속도는 중요치 않다

최초의 배로 볼 수 있는 기원전 3000년경 폴리네시아인의 아웃리거 카누 (outrigger canoe)[2]로부터 19세기 증기선에 이르기까지, 인간은 수천 년 동안 물 위를 항해하였다. 때로는 육체적인 힘으로 힘차게 노를 저어 나아갔고, 때로는 바람의 방향과 세기를 관찰한 후 돛을 이용하여 전진하였다. 급기야 증기기관을 발명하였고, 증기기관에서 얻은 동력을 이용하여 배를 움직였다.

그런데 수천 년 항해 역사에서 배의 속도는 그리 중요하지 않았다. 특히, 사람과 물건을 운반하는 용도로 쓰였던 배

아웃리거 카누. 〈이미지=Pixabay〉

는 더욱 그랬다. 상선은 비교적 장거리를 운항하였고 많은 화물을 실어야 했기 때문이다. 빠른 속도보다는 얼마나 많은 짐을 운반할 수 있느냐가 중요했다. 그래서 많은 배가 둥글고 넓은 생김새로 제작되었다. 고대 이집트 교역선은 폭이 길이와 비슷할 정도였고, 중세 북유럽 코그선(cog)[3]도 넓고 둥근 모양이었다. 중국의 정크선(junk)[4] 역시 마찬가지였다.

코그선. 〈이미지=Pixabay〉

2. 아웃리거 카누.
카누에 한쪽 또는 양쪽에 통나무로 된 판자를 매단 것으로 외양 항해용으로 사용되었다.

3. 코그선
12~15세기 북유럽에서 주로 사용하였던 목조 범선으로, 항해 성능과 적재능력(100~200톤)이 우수하였다.

4. 정크선
전통적으로 중국에서 사용되었던 목조 범선으로, 세로형 사각돛을 갖추고 있었다.

정크선. 〈이미지=Pixabay〉

그렇다고 이러한 원리가 모든 배에 해당되는 것은 아니었다. 신속한 이동과 회전이 필요한 전투용 배는 단거리 속도가 생명이었다. 그래서 뾰족하고 긴 모양으로 만들어졌다. 최초의 전투용 배를 만든 사람들은 지중해를 벗어나 항해했던 페니키아인이었던 것으로 여겨신다. 고대 그리스나 로마의 전투선인 갤리선(galley)[5] 이나 바이킹의 드라카르[6] (drakkars)도 순간적으로 속도를 낼 수 있도록 제작되었다.

5. 갤리선
고대, 중세 지중해에서 사용하던 배로 많은 노를 사용하고 돛을 보조적으로 사용하였다.

6. 드라카르
중세시대 바이킹족이 사용한 범선으로 선수·선미의 모양이 똑같아 항구에 입·출항하기 편리하였고 선수 갑판이 높아서 거친 파도를 잘 이겨냈다.

한편, 범선을 이용하여 큰 바다를 건너는 장거리 항해는 8세기 아랍 상인들에 의해 시작되었다. 이후 대륙 간 사람과 물자가 본격적으로 이동하고 세계가 하나로 연결되기 시작한 것은 대항해시대 이후인 16세기부터였다. 그러나 대항해시대까지만 해도 항해에서 속도는 큰 의미가 없었다. 대양에서 살아 돌아오는 것 자체로 항해는 성공으로 여겨지던 시대였다. 얼마나 많은 황금과 후추를 싣고 오느냐가 중요했지, 얼마나 빨리 항해하느냐는 중요치 않았다. 이렇게 당시에는 전투를 제외하고 사람과 물건을 운송하기 위해 속도 경쟁을 벌이는 일은 없었다.

마지막 범선 클리퍼, 속도 경쟁을 시작하다

하지만 바다를 통한 대륙횡단이 일상화되어버린 19세기에는 상황이 달라졌다. 이제 여객이나 화물을 운반하는 배도 속도가 중요해졌다. 산업혁명으로 증기선이 발명되었지만, 증기선이 범선을 곧바로 대체한 것은 아니었다. 1900년 중반까지도 범선

역사의 최종 버전인 클리퍼(clipper)가 엄청난 속도를 자랑하며 바다를 누비고 있었다.

클리퍼는 예리한 뱃머리에 폭이 좁고 길이가 긴 날렵한 배였다. 배 길이와 맞먹는 높이의 돛대가 3개 있으며, 여기에 가로돛과 세로돛을 여러 개 달아 속도를 최대한 높였다. 이전까지의 기술이 집약된 범선이었다. 그 이름처럼 바람을 받으면 마치 칼로 천을 찢는 듯이 물을 가르고 질주하였다.

당시 클리퍼는 세계 곳곳을 연결하는 운송수단이었다. 인도에서 중국으로 아편을 운반하는 오피엄 클리퍼(opium clipper), 호주에서 유럽으로 양모를 운반하는 울 클리퍼(wool clipper), 캘리포니아 골드러시로 뉴욕에서 남미 끝단 혼 곶을 경유하여 샌프란시스코로 가는 혼 클리퍼(horn clipper) 등이 있었다. 운송 항로별로 곳곳에서 속도 경쟁이 펼쳐졌다. 속도는 곧 돈이었다. 그중에서도 중국에서 유럽으로 홍차

대표적인 홍차 운송 클리퍼선, 커티삭호.

를 운반하는 티 클리퍼(tea clipper)가 가장 유명하였다.

홍차 운송은 1849년 항해조례가 폐지되면서 영국의 독점에서 자유 경쟁으로 바뀌었다. 새로 수확한 좋은 품질의 차를 최대한 신속하게 운반하는 배는 큰 이익을 남겼고, 명성도 쌓을 수 있었다. 중국 남부에서 런던까지, 홍차를 실은 쾌속 범선들의 치열한 속도경쟁이 벌어졌다. 클리퍼가 도착하는 런던의 템즈 강변에는 스릴 만점의 레이스에 열광하는 시민들로 가득 찼다. 그중에 영국의 유명한 위스키 이름으로 명명된 커티삭호(Cutty Sark)와 시모필레호(Thermopylae)의 레이스는 유명하다. 이때 서모필레호의 평균 시속이 26km였다고 하니, 쾌속선의 왕좌로 손색이 없었다. 이렇게 클리퍼의 속도 경쟁은 어떠한 차 광고보다도 큰 효과가 있어 홍차 소비량을 급증시키는 데 일익을 담당했다

마침내 등장한 증기선, 블루리본을 탐내다

1869년 수에즈 운하가 개통되어 런던에서 아시아까지 항로가 대폭 단축되자 홍차 운반 경쟁도 막을 내리게 되었다. 이제는 클리퍼의 시대가 저물고 증기선의 시대가 도래하였다. 초기 증기선은 커다란 마차 바퀴처럼 생긴 외륜을 배 양쪽에 달고, 증기기관을 이용해 이를 회전시켜 항해하였다. 외륜식 증기선을 이용하여 항해하는 데 최초로 성공한 사람은 1807년 로버트 풀턴이었다.

당시 사람들에게 증기선은 검은 연기를 뿜으며 석탄을 마구 먹어대고 종종 폭발사고를 일으키는 괴물 정도로 인식되었다. 기관을 움직이는데 많은 석탄이 필요했고, 먼바다에서 고장이 나면 큰일이었다. 그래서 초기 증기선은 대부분 돛을 달고 있었다. 증기기관만으로 대서양을 처음 횡단한 배는 1838년 시리우스호(Sirius)였다. 범

선으로는 40일이 넘게 걸리던 항로를 18일 만에 횡단하였다. 이후 증기선이 대형화되면서 1840년경 스크류 방식이 도입되었다.

유럽과 아메리카를 다니는 증기선의 정기항로가 성장하면서 선박회사 사이에 경쟁이 심화되었다. 회사들은 자사 여객선의 이미지와 평판을 높이는 데 주력하였다. 이에 더해 민족국가 개념이 생기면서 여객선 속도 경쟁에 불을 붙였다. 승객들도 매년 더 빠른 속도를 요구했고, 느린 선박에 대해서는 등을 돌렸다.

그런 가운데 북대서양을 가장 빠른 평균속도로 주파하는 증기선에 파란색 리본을 수여하기 시작했는데, 이것이 블루리본(blue-ribbon)이었다. 이를 수상한 배는 블루리본을 배의 마스트에 자랑스럽게 달고 항해했고, 승객들은 이런 배를 타고 싶어 했다. 블루리본의 파란색은 영국 기사의 최고단계인 가터 훈장의 색깔이며, 영어로 blue blood는 고귀한 혈통을 의미했다.

블루리본 보유를 둘러싼 경쟁은 영국, 프랑스, 독일, 미국 등 국가 간 자존심 대결로까지 번졌다. 1897년 독일 여객선 빌헬름 데아 클로제호가 12노트 속력으로 블루리본 상을 받았다. 이에 영국은 선박회사에 막대한 보조금을 지원하여 모레타

1929년 1면에 실린 독일 여객선 블루리본 수상 기사. 〈영국 Daily-morrn紙〉

니아호를 건조하였고, 1909년 26노트의 속력으로 블루리본 상을 되찾아 왔다.

여객선 타이타닉호도 바로 그런 속도 경쟁의 파고 속으로 내몰렸다. 초호화·최고속 타이틀 획득의 강박에 사로잡힌 배는 암흑의 바다 위를 질주했다. 타이타닉호의 순항 속도는 약 21노트 정도였지만, 빙산의 존재를 알고도 무모하게 22.5노트의 속도를 유지했다. 근처의 다른 배로부터 빙산에 주의하라는 무선연락을 받았으나 이마저도 무시했다. 결국 다이타닉호는 비극적인 결말을 맞이하게 되었다.

침몰하는 타이타닉호를 묘사한 그림. 〈영국 Independent紙〉

블루리본 타이틀을 외치며 '자연에 대한 기술의 승리'로 인식되었던 타이타닉의 항해는 결국 '인간의 오만에 대한 자연의 경고'로 끝을 맺었다. 거대한 자연 앞에서 인간이 가져야 하는 태도는 오만이 아닌 겸손이라는 것을 큰 대가를 치르고 배운 것이다.

명태의 이름은 몇 개나 될까?

새 차를 사면 고사를 지낼 때 북어포가 등장한다. 호프집에 가면 어김없이 노가리나 흑태가 등장한다. 과음한 다음 날 해장용으로 찾는 것도 북어국이다. 이처럼 우리 생활과 뗄 수 없는 생선이 명태다. 그런데 명태만큼 쓰임에 따라, 지역에 따라, 요리 방법에 따라 다양하게 불리는 생선도 없을 것이다.

명태라는 이름은 함경도 명천(明川)에 사는 태(太)모씨가 연승어법을 처음 사용하여 잡은 고기라 하여 붙여졌다고 한다. 강원도 연안에서 잡히는 토종 명태를 강태 또는 지방태라 하는데, 지금은 거의 잡히지 않는다. 또 잘 잡히지 않아 값이 비싸게 된 명태를 금태라고도 한다.

보통 금방 잡은 생것은 생태, 얼린 것은 동태, 건조시킨 것은 북어(북쪽에서 잡히는 물고기)라 한다. 잡히는 시기에 따라서 일태, 이태, 삼태, 오태, 섣달바지, 춘태, 막물태라고 하며, 크기에 따라서 대태, 중태, 소태, 왜태, 애기태 등으로 불린다. 잡는 방식에 따라 그물로 잡으면 망태, 낚시로 잡으면 조태라고 한다.

또 명태를 건조하는 방식에 따라 명칭이 달라진다. 겨울에 누렇게 말린 황태, 너덧 마리를 한 코에 꿰어 꾸덕꾸덕하게 말린 코다리, 덕장 날씨가 따뜻하여 물러진 찐태, 하얗게 마른 백태, 딱딱하게 마른 깡태, 손상된 파태, 검게 마른 먹태, 대가리를 떼고 말린 무두태 등으로 불린다.

명태 새끼를 노가리, 애기태, 앵치라 부르며, 도루묵어떼가 회유해온 뒤에 반드시 명태 떼가 따라오는 습성에 따라 은어받이라고 불리기도 한다. 또 산란을 마친 명태가 살이 별로 없어 뼈만 남다시피 한 것을 꺽태라 한다.

명태의 이름이 여러 지방에서 다양한 방언으로 불리는 것은 그만큼 사람들과 친근한 까닭일 것이다. 어떤 방법으로 보관하고 요리해도 맛있는 생선이 명태다. 국민 생선 명태가 이제는 우리나라에서 잡히지 않는다니 아쉬울 따름이다.

chapter 3

동양의 바다

20
독도는 우리 땅, 독도는 우리 섬?

대한민국 국민이라면 누구나 "울릉도 동남쪽 뱃길따라 이백리! 외로운 섬 하나 새들의 고향~~"을 노래하며, "독도는 우리 땅!"을 외쳐봤을 것이다. 새해 첫날 TV 화면에 나오는 독도 일출을 보며 가슴 뭉클했던 기억도 있을 것이다. 독도를 떠올리며 흥분하고 목소리를 높이지 않을 대한민국 사람이 있겠는가?

독도 해상에서 촬영한 '8·15 광복절 기념 해양영토순례' 〈이미지=해양경찰교육원〉

하지만 집단적이고 감성적인 관심만으로 독도를 지켜낼 수는 없다. 우리 시각을 넘어 외부에서 바라본 객관적 접근이 필요하다. 일본이 독도에 집착하여 끊임없이 자기네 영토라 주장하는 진짜 이유는 무엇인지? 그들의 독도에 대한 영토 주장의 논리는 무엇이며 어디서 시작되었는지? 독도를 국제적으로 인정받을 수 있는 법적 지위나 기반은 무엇인지? 객관적 시각에서 나올 수 있는 이런 물음에 자신 있게 답하고 국제사회에 설명할 수 있어야 한다.

독도가 우리 땅이라는 역사적·지리적 증거, 실효적 지배에 관한 증거 등에 대해서는 이미 많은 자료와 책자가 나와 있다. ≪삼국사기≫에 512년 신라 지증왕 때 이사부가 나무 사자를 이용하여 우산국을 합병했다거나 ≪고려사≫에 우산국에서 조정에 진상한 기록이 있다.

강원도 삼척에 있는 이사부 사자상. <이미지=삼척시청>

1.**공도정책과수토사**
왜구의 피해를 막고 노역을 면하려 섬으로 도망가는 것을 막기 위해 섬을 비워두고 관리하는 정책을 공도정책이라하며, 섬을 수색하여 도망자 등을 토벌하는 정부 관리를 수토사라 한다.

1403년 조선 태종 때 공도정책[1]을 시행하였지만 수토사[1]를 두어 관리했다는 기록도 있다. 조선 숙종 때 안용복이 두 번에 걸쳐 일본을 방문하여 도쿠가와 막부로부터 독도가 조선 영토임을 확인받았다. 또 고종 때는 김옥균을 개척사로 임명하여 독도를 개척하였다. 1900년에 대한제국 칙령 제41호를 발표하여 조선의 권리를 국제적으로 공표하기도 하였다.

독도 앞바다는 러일 전쟁의 전승지

이처럼 독도가 대한민국 영토임을 증명하는 수많은 역사적 기록에도 불구하고, 일본이 끊임없이 자기네 땅이라 외치는 이유는 무엇일까? 여기에는 독도의 경제적·군사적 가치를 넘어서는 다른 무엇이 있지 않을까? 북쪽으로는 러시아와 쿠릴열도 문제로, 남쪽으로는 중국·대만과 센카쿠 열도 문제로 갈등을 빚고 있는 일본이 조그만 섬인 독도에 열을 올리는 숨겨진 이유를 들여다보자.

　1904년 2월. 조선과 만주에 대한 분할을 둘러싸고 러시아와 대치하던 일본이 여순항을 공격하면서 러일전쟁이 시작되었다. 태평양 함대를 잃은 러시아는 당시 최강이던 발트 함대를 일본으로 파견하였다. 발트 함대는 38척으로 대규모였으나, 함포 성능에서 일본 함대보다 뒤졌다. 이에 맞서는 일본 함대는 12척으로 수적으로 불리했으나, 최신예 영국제 배에 성능 좋은 함포를 장착하였다.

　전투는 일본함대가 대한해협을 통과하여 동해 쪽으로 이동하는 발트 함대　후미를 기습 공격하면서 시작되었다. 일본 함대는 유명한 '丁'자 대형으로 순항하며 이틀 동안 포격을 가한 끝에 독도 앞바다에서 발트 함대를 전멸시켰다. 러시아는 38척 중

'토라지로 카사이'의 1904년 여순항 전투 기록화. 〈미 의회도서관〉

19척이 침몰되었고, 6,100명이 포로로 잡혔다. 일본은 단 3척을 잃는데 그쳤다. 일본 입장에서는 최강국 러시아를 상대로 한 빛나는 승리였다.

당시 일본 함대를 지휘한 사람은 도고 헤이하치로(東鄕平八郞) 제독이었다. 그는 지금도 일본에서 전쟁의 신으로 추앙받고 있다. 그런데 '丁'자 대형으로 적을 공격한다든가 함포 사격에 중점을 두었다든가 하는 전술은 바로 이순신 장군이 사용한 것이었다. 도고는 실제 임진왜란 때 이순신 장군이 썼던 병법을 깊이 연구하여 모방하였다고 한다. 그는 평소 "넬슨 제독(Nelson)[2]에 비하는 것은 달게 받을 수 있으나, 조선의 이순신 장군과는 견줄 수가 없습니다. …… 이순신이 장군이라면 나는 하사관에 불과합니다."라고 말하곤 했다.

이렇게 볼 때 독도 앞바다는 일본에게 특별한 의미가 있는 곳이다. 그곳은 북쪽의 거인 러시아를 물리친 전승 기념지이자 강대국으로 도약하는 발판을 마련한 국가적 성지인 것이다. 그러고 보면 오늘날에도 일본이 왜 그리 독도에 집착하는지 그들의 속내를 알 듯도 하다.

독도 강치 잡이에서 비롯된 다케시마의 날

한편, 일본이 억지를 부리는 논리 중 가장 강력하게 제시하는 것이 1905년 시마네현 고시 40호인데, 이 고시에 얽힌 일화가 있다. 1853년 페리 제독이 일본을 강제로 개방하기까지 일본은 외부 세계로부터 빗장을 걸어 잠그고 지냈다. 안용복이 2차례나 독도가 우리 영토임을 주장하였을 때 조선 영토임을 인정했던 것이나 데지마(出島)[3]를 제외한 항구를 철저히 봉쇄하고 쇄국정책을 폈던 것으로도 알 수 있다.

하지만 1842년 대국 청나라가 영국에 아편 전쟁에서 패하는 것을 보고 크게 놀란

2. 넬슨 제독
1758년 영국에서 출생하여 해군 제독이 되었고, 트라팔가르 해협에서 프랑스와 에스파냐 연합 함대를 격멸시켰다. 말한다.

3. 데지마
1636년에 도쿠가와 막부가 외국과 교역을 위해 일본 나가사키에 건설한 인공섬을 말한다.

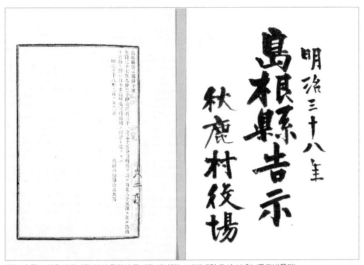

일본이 독도 영유권에 대한 억지 주장의 근거로 제시하는 '시마네현 고시 40호' 〈독도박물관〉

일본은 바다를 열고 외부로 진출하기 시작했다. 유럽의 식민지 지배방식을 모방하였고 선진 기술을 도입하기 시작하였다. 청일전쟁과 러일전쟁을 잇따라 승리하며, 열강과 어깨를 겨루는 해양 국가로 발돋움하였다.

독도에 관해서도 마찬가지였다. 에도 시대까지는 독도가 일본 영토라고 주장할 만한 역사적 기록도 없었다. 그런데 억지 주장은 메이지 시대를 전후하여 시작되었다. 1905년 2월 22일 일본은 시마네현 고시 40호에 "독도는 오끼도에 속한다"고 일방적으로 선포하였다. 그리고 이를 기념하기 위해 매년 2월 22일을 다케시마(竹島)의 날로 정했다.

그런데 고시 40호와 다케시마의 날이 탄생한 배경에는 독도 강치가 밀접히 연관되어 있다. 독도 강치는 동북아 바다 연안에 서식했었다가 멸종한 바다사자의 일종이다. 울릉도, 독도, 오끼 등 동해의 섬과 연안 그리고 오호츠크, 사할린, 쿠릴 열도 등에 분포하였다.

　대항해 이후 유럽인의 모피 사냥이 전 지구적으로 벌어지면서 외딴 섬까지 진출하였다. 외딴 섬은 생태학적으로 취약하다. 특히 독도처럼 규모가 작은 경우는 더욱 그렇다. 왜냐하면 고립된 섬에 사는 동물은 단순하고 평화로운 진화의 길을 걷기 때문에 생태계가 외부 충격에 연약하다.

　갑작스런 외부 침입이 있을 경우, 이에 대항하거나 도망칠 줄 모를 뿐 아니라, 도망칠 수 있는 공간도 없어 순식간에 멸종에 이른다. 베링 섬의 스텔러 바다소가 그랬고, 모리셔스 섬의 도도새가 그랬다. 수만 마리에 달하던 독도 강치도 일제 강점기에 유사한 운명에 처해졌다.

　이전에도 간간이 있었지만 독도 강치 잡이는 메이지 시대 전후 일본에서 모피산업이 시작되면서 본격화 되었다. 1903년 나카이 요자부로(中井養三郎)라는 일본인이 독도에서 강치를 잡아 큰 수익을 남겼다. 그는 이에 그치지 않고 강치 잡이 독점권을

1947년 광복 후 첫 실시한 독도조사 때의 강치 사진(왼쪽). 일본 어민이 1934년 독도에서 강치를 남획하는 모습(오른쪽).

원했다. 그는 일본 정부를 통해 조선에 독도 어업권을 청원하기에 이르렀다.

그런데 청원서를 받은 일본 정부는 이를 조선에 통보하지 않고, 나카이에게 "독도는 주인 없는 섬이니 조선이 아니라 일본 정부에 영토 편입 및 독점권을 청원하라"고 독려하였다. 그러자 1904년 나카이가 이 같은 청원서를 제출하였고, 일본 정부는 각의를 거쳐 독도를 시마네현 영토로 편입시켜 버렸다. 이것이 주인 없는 독도를 먼저 차지했다는 무주지 선점론이다.

독점권을 얻은 나카이는 독도에서 그물, 총, 몽둥이를 사용하여 대 학살극을 자행하였다. 1904년 한 해에만 2,750마리나 도살되었다는 기록이 있다. 이렇게 독도 강치는 가죽은 모피로, 지방은 기름으로, 고기는 사료로 쓰이면서 멸종의 길로 접어들었다. 1974년까지 살아있는 개체가 발견되긴 했지만, 일제 강점기가 끝날 즈음에는 이미 생물학적 멸종단계에 이르렀다.

이처럼 다케시마의 날이 강치 학살의 시발점이었다는 사실을 아는 사람은 드물다. 더구나 학살의 주범인 일본이 오히려 강치 잡이를 자기네 영토라고 주장하는 단골메뉴로 이용하고 있으니, 경악을 금치 못할 일이다.

다른 면에서 보면, 바다로 둘러싸인 섬에 대한 국제법적 관점을 이해함으로써 독도를 지키는데 일조할 수 있다. 이를 위해 다소 생소하지만 바다의 헌법인「유엔해양법 협약」을 알아 둘 필요가 있다. 2차 대전 후 바다 이용을 둘러싸고 이해관계가 첨예했던 각 국은 수십 년에 걸쳐 토론과 회의를 하였다. 그 결과 1994년 11월「유엔해양법 협약」이라는 국제 조약을 발효시켰다. 협약 안에는 각 국의 영해를 12해리로, 배타적 경제수역(EEZ)을 200해리로 정하고 있다.

영해란 육지처럼 그 나라의 통치권이 미치는 바다를 말한다. 12해리[4]는 22km쯤

UN해양법 협약에 따른 '섬'과 '암석'의 차이. 〈이미지=국립해양조사원〉

4. 해리
바다에서 거리를 나타내는 단위로 1 해리는 1,852m 이다.

된다. 배타적 경제수역은 그 나라가 생물 및 무생물 자원에 대한 모든 경제적 권리를 배타적으로 이용할 수 있는 바다를 말한다. 200해리는 370km이다.

협약에 비추어 본 우리나라 바다 상황은 이렇다. 한국과 일본은 1996년 유엔해양 법에 따라 EEZ를 선포하였고, 중국도 1998년 이를 선포하였다. 하지만 실제 EEZ 경계를 획정할 때 한·중·일 간의 바다가 400해리보다 좁기 때문에 EEZ가 중첩되는 문제가 발생된다. 이처럼 양국 사이에 EEZ가 중첩되는 경우 동 협약에서는 양국이 합의에 따라 경계를 정하도록 하고 있다. 이에 따라 합의를 위해 매년 협상을 진행해 왔지만, 아직 미 획정인 상태로 남아있다.

이제 국제관계에서 인정되는 섬의 지위를 살펴보자. 섬을 사전에서 찾아보면 '주 위가 수역으로 완전히 둘러싸인 육지의 일부'라고 쓰여 있다. 협약에서는 섬을 '바닷물로 둘러싸여 있으며, 밀물일 때도 수면위에 있는, 자연적으로 형성된 육지'라 정하고 있다. 여기서 중요한 점은 섬이 주위의 바다를 영해와 EEZ로 가질 수 있느냐는 것이다. 섬(island)과 암석(rock)은 국제법적으로 주어지는 지위가 다르다. 협약에 따르면 '인간의 거주가 가능하고 독자적 경제생활이 가능한 섬'이 EEZ를 갖는다. 이 정도에 이르지 않은 암석은 영해를 설정 할 수 있지만, EEZ를 가질 수는 없다.

알기 쉽게 독도와 이어도를 예로 들어보자. 독도는 앞에 언급한 섬(island)의 지위를 갖기 때문에 독도로부터 12해리의 영해를 가지며, 이 바다는 대한민국의 주권이 전면적으로 미치고 일본 선박이 함부로 들어오지 못한다. 또한, 200해리의 EEZ를 설정할 수 있다. 반면 이어도는 바다 속 암초에 해양과학기지를 건설한 형태이므로 섬(island)도 아니고 암석(rock)도 아닌 수중 암초일 뿐이다. 이런 까닭에 이어도는 영해와 EEZ를 갖지 못한다.

많은 국민이 이 수역에서 조업하는 중국어선에 대한 강력한 단속을 촉구한다. 하지만 이곳은 대한민국 영해가 아니며 중국과의 EEZ 경계도 획정되지 않아서 우리나라가 일방적으로 권리행사를 할 수 없는 현실이다.

이와 관련하여 해양 영토에 대한 일본의 집요함을 볼 수 있는 극적인 사례가 있다. 도쿄 남쪽 1,740km 떨어진 태평양에 오키노도리(沖の鳥)라는 두 개의 산호초 바위가 있다. 수면으로부터 70㎝, 가로 2m, 세로 5m 정도 크기로서 큰 탁자만하다. 일본 정부는 여기에 1987년부터 콘크리트 보강 공사를 통해 산호초를 증식시키고 50m나 되는 섬으로 재탄생 시켰다.

이어도 해양과학기지 수중 3D 단면도. 〈이미지=국립해양조사원〉

산호초 암석(rock)을 영해와 EEZ를 갖는 섬(island)으로 바꾸려는 억지스런 노력이다. 만약 오키노도리가 섬으로 인정된다면, 태평양 한가운데 430,000m² 이상의 경제 영토가 생기게 된다.

다소 어렵게 느껴질 수 있지만, 독도에 대한 국제법적 지위를 이해하는데 도움이 되었기를 바란다. 그래서 독도는 영해와 EEZ를 갖는 섬이지만, 이어도는 그렇지 못하다는 것도 알았을 것이다. 섬의 영어 표현인 'island'를 보면 'is(바다) + land(땅)'가 결합된 단어이다. 섬은 물리적 형태로서의 육지만으로는 의미를 가질 수 없다. 주위의 바다와 공존할 때 비로소 개념이 형성되고 공간으로서 가치가 생기게 된다.

독도는 '우리 땅'이 맞지만 이를 둘러싼 바다 영토까지 고려한다면 '우리 섬'이 보다 적절한 표현이다. 독도를 사랑한다면 이제부터는 "독도는 우리 땅!"대신 "독도는 우리 섬!"을 외쳐보는 것은 어떨지?

21
닫힌 조선 사회에서 태어난 세계인, 홍어 장수 문순득

우이도에서 이루어진 운명적 만남

1801년 여름 조선 순조 때 일이었다. 제주에 낯선 나라 사람 다섯 명이 표류해 왔다.

"이들은 옷차림과 생김이 괴이했다. 머리를 삭발했는가 하면 귓바퀴를 뚫기도 했다. 신발을 신지 않고 흙을 밟고 다니며 새까 맣기가 옻칠해 놓은 듯했다. 말소리는 왜가리가 시끄럽게 지절대 는 듯해 알아들을 수가 없으며, 글자를 써서 보여도 알지 못했다.

아무래도 사람은 아닌 듯하여 주민들은 이들을 해귀(海鬼)라 불렀다. 손짓 발짓으로 어디서 온 지를 물어봐도 알아듣지 못하 고 그저 "막가외! 막가외!"라고만 외쳤다. 아무리 해도 어디서 왔는지를 알 도리가 없었다. 그해 10월 조정에서 어전회의까지

문순득 초상화. 〈국립해양문화재연구소〉

했으나 허사였다."(정약전의 『표해시말(漂海始末)』 중에서)

표류해 온 이들이 어느 나라 사람인지 알 수 없었던 해귀 사건은 그대로 묻혀지는 듯했다.

비슷한 시기. 전남 신안 우이도에서 두 남자의 운명적인 만남이 이루어졌다. 한 명은 병조 좌랑을 지낸 학자며 관료인 실학자 정약전이었고, 다른 한 명은 흑산도에서 홍어를 잡아 나주까지 내다 파는 홍어 장수 문순득이었다. 정약전은 천주교 박해 사건인 신유사옥에 연루되어 흑산도로 유배를 가게 되었다. 그리고 그 길목인 우이도에서 문순득을 만나게 되었다.

둘의 만남이 이루어지던 당시는 유럽 열강이 식민지를 개척하려 혈안이 되어 있던 때였다. 돛대를 높이 세운 범선들이 앞을 다투어 유럽에서 아시아로 향했다. 16세기 이후 포르투갈은 인도, 중국, 일본 등과 교역을 하고 있었고, 스페인도 필리핀을 식민화했으며, 영국, 네덜란드 등도 아시아로 진출하였다. 바야흐로 아시아 대부분 국가는 식민지 정책의 위협 속에 위태롭게 놓여져 있었다.

하지만 조선은 닫힌 국가였다. 노도같이 밀려오는 바깥 사정을 알지 못했다. 아니 알려고 하지 않았다. 오히려 서양세력이 오는 것을 두려워하여 문을 꼭꼭 걸어 잠그고 있었다.

홍어 장수 문순득 일행 3개국을 표류하다

그들의 만남이 이루어지고 몇 달 후인 1801년 12월. 홍어를 사러 흑산도 남쪽 태사도에 갔다가 돌아오던 문순득 일행 6명은 풍랑을 만났다. 겨울 추위 속에 강한 북서풍을 맞고 돛대가 부러지면서 남쪽으로 밀려가기 시작했다. 파도를 맞으며 표류한 지 열흘 만에 도착한 곳이 류큐[1]였다.

1. 류큐
지금의 일본 오키나와 지명을 말한다.

배는 완전히 부서지고 일행은 간신히 목숨을 건졌다. 처음 보는 류큐 사람과는 말이 통하지 않았다. 다행히 그들은 문순득 일행에게 물과 죽을 주고 머무를 곳을 제공하였다. 일행은 고향에 돌아갈 기약도 없이 낯선 땅에서의 생활이 시작되었다.

당시 류큐국은 일본 도쿠가와 막부와 청나라 양쪽과 조공무역을 하는 독립국이었다. 조선과는 협조적인 관계를 유지했으나, 공식적인 조공무역 관계가 성립되지 않은 상태였다. 그래서 표류민이 발생하면 조공 관계였던 청나라를 통해 송환하는 것이 관례였다.

문순득 일행은 청나라로 가는 조공선을 타기까지 10개월을 류큐에 머물러야 했다. 문순득은 비록 홍어 장수였고 학문을 배운 적은 없지만, 열린 마음과 진취적 기상을 지닌 해양인이었다. 그는 표류자 신분에도 불구하고 류큐 말과 풍습에 관심을 가졌다.

우선 그곳 사람들과 친밀하게 지내면서 생활에 필요한 도움을 받았다. 풍습을 익히기를 게을리하지 않았다. 호기심과 뛰어난 관찰력으로 현지 언어를 배우고 생활풍습을 기억 속에 저장했다. 심지어 가족·친지만 참석이 가능한 장례식에도 참석하였고, 류큐 장례문화에 대한 자세한 기록을 남겼다.

류큐에는 고구마가 많이 나고, 뱀이 많아 뱀술을 담가 먹었다. 여자들은 손등에 문신을 하였는데, 신분의 높고 낮음, 그리고 기혼 여부에 따라 문양이 달랐다. 또 식사는 젓가락으로 집어서 손바닥 위에 올려놓고 먹었다.

류큐에서 생활한 지 일 년이 가까이 된 1802년 10월. 일행은 고향에 돌아가기 위해 류큐에서 청나라로 가는 조공선을 타고 출발하였다. 하지만 다시 풍랑을 만나 11월에 여송[2]에 도착하였다. 당시 필리핀은 230년 이상 스페인의 지배를 받고 있었다.

2. 여송
필리핀의 '루손'섬을 음차한 명칭을 말한다.

그래서 류큐 사람과 달리 여송 사람은 표류민에게 호의적이지 않았다.

이로 인해 중국 상인들이 집단으로 거주하는 곳에 얹혀 지냈다. 신변의 위협 때문에 함부로 마을을 돌아다닐 수도 없었다. 당장 음식과 주거에 필요한 생활고를 겪었다. 연 날리는 데 쓰이는 줄을 꼬아 팔거나 목수 일을 하여 생계를 잇기도 했다.

하지만 문순득은 이에 굴하지 않았다. 예의 친화력으로 사람들과 어울리며 그들의 생활을 관찰하고 기억했다. 그곳에는 돛이 달린 커다란 서양의 배가 있었다. 현지인은 연날리기를 좋아하지만, 거기에 시용되는 실을 만들 줄 몰라서 줄을 꼬아 만들었다. 또 닭싸움을 좋아해 싸움용 닭을 길렀다. 덥고 비가 많은 탓에 거주하는 집은 기둥을 박고 그 위에 지었다. 서양 사람들이 지은 아름답고 큰 성당을 구경하기도 했다.

여송에 표류한 지 9개월이 지난 1803년 9월. 문순득은 천신만고 끝에 청나라로 가는 중국 상선을 얻어 타고 마카오까지 갈 수 있었다. 마카오는 동아시아로 진출해 있던 포르투갈의 무역 거점이었다. 수많은 범선들과 이국적 사람들을 보고 신기해했다. 거기서 청나라 관리로부터 여러 가지 질문을 받고 그동안의 사정을 이야기했다.

이에 조선에서부터 표류하여 류큐와 여송을 거쳐 마카오에 도착한 사실이 청나라 당국에 전해졌다. 곧 조선으로 송환할 것이 결정되었다. 그리하여 문순득은 광둥, 난징을 거쳐 베이징에 도착하였다. 거기서 조선에서 온 조공단에 합류하여 고향을 향했다. 1805년 1월 마침내 조선으로 귀국하였고, 고향 땅을 밟을 수 있었다. 총 3년 2개월 기간 동안 4개국을 다녀온 긴 여정이었다.

3년간 표류 이야기를 정약전이 적어 남기다

고향인 우이도에 돌아온 문순득은 정약전과 마주 앉았다. 그리고 호기심에 가득

찬 얼굴로 자신을 바라보는 대학자에게 그동안 겪었던 바깥세상 표류경험을 이야기하기 시작했다. 정약전은 붓을 들어 문순득이 들려주는 표류담을 빠뜨리지 않고 적어 내려갔다. 이렇게 문순득의 생소한 표류 이야기를 구술하여 적은 책이 《표해시말(漂海始末)》[3]이다. 이 책은 제목에서 의미하듯이 바다를 표류(漂海)한 시작(始)과 끝(末), 즉 표류기를 일컫는다.

3. 표해시말
정약전이 집필한 흑산도 출신 홍어 장수 문순득의 표류기를 말한다.

이 책에는 표류했던 곳의 문화와 생활풍습이 상세하게 적혀있을 뿐 아니라 류큐와 여송 단어 112개의 음과 뜻이 우리말로 기록되어 있다. 문맹이었던 문순득이 머릿속으로 기억해 놨다 정약전이 적었던 기록이다. 그런데 이 기록이 오늘날 오키나와나 필리핀 사람들도 알아볼 수 있는 정도라니 놀라운 일이다. 특히 이 책은 당시 류큐 풍습을 알 수 있는 중요한 사료로 일본에서도 인정되고 있다.

처음 언급했던 해귀 사건으로 돌아가 보자. 제주에 표류해 있던 해귀의 정체는 1809년에야 비로소 밝혀졌다. 여송 말을 전혀 몰랐던 당시, 이들의 국적을 밝힌 것은 표류 끝에 돌아온 문순득이었다. 오랫동안 제주 표류자의 국적을 알지 못한다는 소문을 들은 문순득이 제주를 찾았다. 그리고 그는 표류했던 동안 배운 여송말로 그들과 의사소통을 할 수 있었다.

말이 통하지 않아 무려 8년 동안 낯선 나라 조선에 묶여 있던 이들이 여송 사람이라는 것을 그제야 알아냈다. 그들이 외쳤던 "막가외! 막가외!"는 마카오를 이른 것이었다. 그들은 여송에서 마카오까지 상선을 타고 장사하는 사람이었던 것이다. 그들은 마침내 문순득의 도움으로 청나라를 경유하여 꿈에 그리던 고향으로 송환되었다.

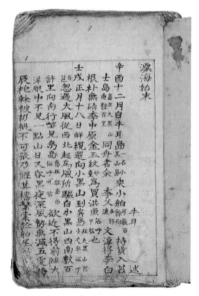

표해시말(漂海始末).

전남 신안군에 있는 문순득 동상. 〈이미지=신안군청〉

바다를 천시하고 외세를 무조건 혐오했던 닫힌 사회 조선. 비록 비천한 신분이었지만, 바깥세상에 대한 강한 호기심과 친화력을 가졌던 문순득은 진취적 해양정신과 도전정신을 발휘해 잠든 조선을 깨웠던 인물이었다. 그는 불과 1년여 만에 2개국 언어를 익힌 민간외교관이었고, 글로벌 마인드를 갖춘 진정한 세계인이었다. 실학자 정약전이 문순득에게 '하늘 아래 최초로 나라 밖을 여행한 자'라는 뜻으로 천초(天初)라는 이름을 지어준 까닭이 여기에 있을 것이다.

22

해양경찰의 원조는 장보고 대사였다

완도에 가본 적이 있는가? 완도는 볼 거리 먹을 거리가 많은 곳이다. 영화 서편제의 촬영지 청산도, 고산 윤선도의 정취가 깃든 보길도, 항일운동 3대 성지인 태극기 마을 소안도 등 멋스러운 섬들이 있다. 또 조개의 왕인 전복을 양식하여 대중화에 성공한 것은 완도의 힘이다.

한편 드라마 《해신》 촬영지와 난대림의 보고인 완도수목원도 놓칠 수 없는 곳이다. 그런가 하면 완도는 PGA 8회 우승한 세계적인 골프 스타 최경주 선수 고향이기도 하다.

하지만 정작 필자가 관심을 가진 곳은 다른 데 있었다. 한 번은 완도읍에 있는 장도

청해진 유적지로 추정되는 완도 장도(장군도). 〈이미지=완도관광문화〉

장보고와 정년을 그린 역사기록화 '무녕군의 두 장군' 〈중국 적산법화원〉

(장군섬)라는 섬에 갔었다. 장보고 청해진의 유적지로 추정되는 곳이다. 특별할 것 없는 그 섬 주위 갯벌에 청해진 당시 목책이 보존되어 있다는 안내문이 보였다. 섬 쪽으로 해적의 배가 접근하지 못하게 깎은 나무를 물속에 박아 울타리를 쳤던 것이다.

그 목책이 1959년 태풍 사라호 영향으로 천년의 세월을 뚫고 모습을 드러냈다. 이후 1991년부터 청해진 유적지 발굴 조사가 본격적으로 이루어졌다. 목책을 볼 수 있을까 해서 바닷가로 내려와 주위를 둘러보았지만, 깃발로 위치만 표시되어 있을 뿐 눈으로 볼 수는 없었다. 쉽게 발길을 돌리지 못하고 한참을 서성이며 1,200년 전 모습을 머릿속에 그려보았다. 장보고 대사는 무슨 생각으로 신라의 변방이었던 이곳에 진(鎭)을 설치하였을까? 그리고 어떻게 동아시아 바다를 쥐락펴락하며 활약하였을까?

장보고 대사를 모르는 사람은 거의 없다. 그렇지만 정확히 아는 사람도 드물다. 보통은 바다에서 활동했던 신라의 장군쯤으로 알고 있다. 하지만 그에 대해 자세히 알고 나면 그 스케일과 활동상에 놀라게 될 것이다. 당시로 돌아가 바다와 함께했던 장보고 대사의 장쾌한 삶을 들여다보자.

당신만 몰랐던 매혹적인 바다이야기 27 | 알고 보면 신기하고 재미있는 Sea Story

당나라에서 활약한 후 청해진을 설치하다

장보고는 어린 시절 활을 잘 쏜다 하여 궁복(弓福) 또는 궁파(弓巴)로 불리었다. 당나라에는 장보고(張保皐)로, 일본에는 장보고(張寶高)로 기록되어 있다. 그가 활동했던 8~9세기는 통일신라 후기로서 정치 사회적 환경이 격변하던 때였다. 동아시아 종주국이었던 당나라는 755년 안녹산의 난 이후 중앙정부의 통제가 약화되고 혼란이 가중되었다. 신라도 822년 김헌창의 난에서 보듯이 중앙 정치세력 간의 왕위 쟁탈전으로 인해 전국이 혼란에 빠진 시기였다.

장보고가 당나라에 가게 된 것은 신라의 신분제 때문이었다. 신라는 골품제[1]를 엄격히 적용하였는데, 신분이 미약했던 장보고는 아무리 무술이 뛰어나도 출세할 길이 없었다. 반면 당나라는 능력만 있다면 외국인에게도 벼슬을 주는 개방적인 정책을 시행하고 있었다. 장보고는 고향에서 무술을 연마한 후 20세 전후에 친구 정년과 함께 당나라로 건너가 군에 입대하였다.

당시 당나라는 지방 책임자인 절도사들의 반란으로 골머리를 앓고 있었는데, 장보고가 소속되었던 무령군은 이러한 난을 진압하기 위해 만든 부대였다. 무예가 뛰어났던 그는 산둥반도 10개 주를 55년간 장악했던 고구려 유민 이정기의 난[2]을 진압하였으며, 그 공으로 30세에 무령군 소장에 올랐다. 이정기의 반란이 진압된 후, 장보고는 뜻하는 바를 이루기 위해 군대를 나왔다.

당시 중국 동해안을 따라 북쪽 산둥반도로부터 남쪽 대운하 유역에 걸쳐 신라인과 고구려·백제 유민이 모여 살았다. 이들 신라방[3] 사람들은 연해 무역에 종사하였을 뿐 아니라, 서해권을 중심으로 신라, 일본, 발해, 아랍, 페르시아 상인들과도 교역하고 있었다. 장보고는 신라인 사회로 들어와 무역에 종사하면서 재물을 모았다. 그리

1. 골품제
신라 시대 혈통에 따라 나눈 신분제도이며 성골, 진골, 일두품에서 육두품까지 구분되었다.

2. 이정기의 난
8~9세기 고구려 유민 이정기와 그의 후손이 당나라 조정에 대항해 일으켰던 난을 말한다.

3. 신라방
중국 당나라때 중국의 동해안 일대에 설치되었던 신라인의 집단거주 역을 말한다.

고 신망받는 인물로 자리 잡아갔다.

마침내 장보고는 828년 신라로 귀국하였다. 당나라에서 활동하는 동안 신라인이 해적에게 잡혀 노예로 팔리는 현장을 많이 목격하였다. 그래서 그는 흥덕왕을 뵙고 해적이 사람을 납치하여 가지 못하도록 해로 요지에 진영을 설치할 것을 청하였다. 이에 왕이 1만 명에 대한 징발권과 함께 요청을 들어주었다.

이렇게 설치된 청해진은 기능상 3개 조직으로 운영되었다. 우선 해적을 소탕하고 바다 치안을 유지하는 것이 시급했는데, 이 일은 병부(兵府)에서 맡았다. 다음은 해상 질서의 바탕 위에서 무역과 선박·선원 관리 등을 하는 것은 민부(民府)에서 맡았다. 그리고 당과 일본에서 무역의 거점 역할을 하는 현지 집단거류지인 자치제(自治制)가 있었다.

신라시대 교관선(일종의 무역선) 복원 모형.
〈중국 적산법화원 장보고기념관〉

해적을 소탕하고 해상치안을 안정시킨 장보고는 당나라에는 견당매물사를, 일본에는 회역사를 파견하였다. 이렇게 청해진이 생기면서 당나라 산둥반도-신라 청해진-일본 규슈를 거점으로 동양 3국을 연결하는 거대한 해양상업 네트워크가 구축되었다.

청해진 사람들이 타고 다닌 무역선은 우수한 성능을 자랑하던 신라 배였는데, 교관선이라 불렀다. 이 배는 당과 일본에서 국제적으로 인정받고 있었다. 《속일본후기》에는 840년 쓰시마 섬의 관리가 "공물과 공문서를 실은 배가 자주 바람과 파도에 표류하는데, 신라 배는 능히 파도를 헤치고 갈 수 있다."라는 기록이 있다. 엔닌이 지은 《입당구법순례행기》에는 838년 일본 사절단이 당나라에서 일본으로 돌아갈 때 자신들이 타고 간 배를 버리고 우수한 신라선 9척을 고용해 귀국했다는 기록이 있다.

이렇게 동아시아 바다를 호령하던 장보고 대사는 841년경(?) 그의 딸을 왕비로 삼는 문제로 귀족들의 미움을 사게 되었다. 귀족들은 막강한 재력과 군사력을 가진 장보고를 두려워하여 그와 가까운 염장을 자객으로 보냈다. 장보고와 염장은 단둘이 회한을 풀며 흠뻑 취하였고, 염장은 장보고가 잠든 사이 그를 살해하였다. 지금도 '염장 지르다'[4]는 표현을 흔히 사용하는데, 염장이 장보고를 속여서 살해한 데서 연유한다.

4. 염장 지르다
어떤 사람이 다른 사람의 가만히 있는 속을 들쑤시어 괴롭고 힘들게 하는 것을 말한다.

장보고 사후인 851년 청해진은 폐쇄되었고, 그곳 백성들은 벽골군(지금의 김제)으로 강제로 이주당했다. 더구나 청해진에는 이후 500년 동안 아예 사람이 살지 못하도록 하다가, 1351년 고려 말에 거주를 허가하였다.

청해진은 해양경찰청, 장보고 대사는 해양경찰청장

장보고가 활약했던 9세기 세계의 바다는 두 세력이 활약하고 있었다. 유럽은 바이킹이 지배하고 있었다. 그들은 북유럽 바다와 지중해까지 진출하였고, 러시아를 관통해 아랍 상인과도 교역하고 있었다. 한편, 홍해에서 인도양을 거쳐 남중국해에 이르는 항로는 다우선을 앞세운 압바스제국(750~1258년)[5] 이슬람 상인이 장악하고 있었다.

5. 압바스제국
750년 ~ 1250년 이라크의 바그다드에 수도를 잡고 이슬람 문화의 전성기를 누린 제국을 말한다.

851년 이슬람 상인이 쓴 《시나 인도 이야기》에 남중국해 무역에 대해 자세히 묘사하고 있는데, 중국 동쪽 서해권 무역은 신라인이 장악하고 있다고 기록했다. 서쪽 유럽에서 동쪽 끝 일본에 이르는 2만 8천km의 항로 중에 중국-신라-일본을 잇는 서해권 항로는 장보고 대사의 손에 의해 관리되었다. 하버드대 라이샤워(Reischauer) 교

수는 청해진의 역할을 세계 해양사적 관점으로 바라보는 한편, 장보고를 '해상상업제국의 무역왕(merchant prince)'으로 표현하며 극찬을 아끼지 않았다.

그런데 장보고 청해진의 성격을 자세히 들여다보면 재미있는 사실을 발견할 수 있다. 청해진은 비슷한 시기 설치되었던 진(鎭)⁶⁾과 다른 특성이 있었다. 패강진(함경도 평산), 당성진(경기도 화성), 혈구진(경기도 강화) 등은 지역 명칭을 따서 이름을 지었고, 변방 수비가 목적이었다. 그런데 청해진 명칭은 지명을 따르지 않았으며, 임무도 외적 방어나 군사적 목적이 아니었다. 즉, 청해진은 외적을 물리치는 군사적 임무보다, 해상치안을 어지럽히는 해적을 퇴치하는 해상치안 임무가 우선이었다.

또 청해진이라는 명칭은 "널리 바다를 깨끗하게 한다"라는 의미이다. 즉, 해적을 깨끗이 소탕하여 무역로를 보호하고, 안정된 해상치안 질서를 유지하겠다는 의지가 담긴 표현이다. 오늘날 해양경찰청 슬로건인 "깨끗하고 안전한 희망의 바다"와 의미가 같다. 이렇게 청해진에서 했던 일은 오늘날 해양경찰이 수행하는 임무와 동일하

6. 진(鎭)
바닷가를 중심으로 군사적으로 중요한 지점에 설치한 군사 행정 조직을 말한다.진(鎭)

장보고 시대, 청해진을 중심으로 동아시아에서 아랍까지 연결된 해상실크로드. 〈이미지-해양교육포털〉

였다. 이렇게 볼 때 장보고 대사는 해양경찰의 원조
이자, 최초의 해양경찰청장이었다고 할 수 있다.

이웃 나라에서 더 존경받는 장보고 대사

오늘날 장보고 대사에 대한 평가는 다양하다. 하
지만 우리나라에서는 그의 위대한 업적과 성과에
비해 초라한 대접을 받고 있다. 우리나라를 대표하
는 세계적인 해양인에 대한 기록은 우리보다 일본이
나 중국의 사서에 자세하게 되어 있다.

장보고 대사의 업적이 기록되어 있는 한중일 삼국의 역사서. (왼쪽
부터) 삼국사기, 신당서, 속일본후기. 〈완도 장보고기념관〉

당나라 두목이 지은 《번천문집》이나 당나라 정사인 《신당서》에는 장보고에 대해
자세하게 묘사되어 있고, 그의 활약상을 높게 평가하였다. 무령군에서 활약, 청해진
의 설치 과정과 해적 소탕, 정치 분쟁 개입, 정년과의 우정 등이 기록되어 있다. 또
한 장보고를 원한으로서 서로 시기하지 않고 국가의 근심을 먼저 생각한 인물로 묘
사하여, 그가 중국인에게 강한 인상을 남겼음을 보여주고 있다.

일본 승려 엔닌이 쓴 《입당구법순례행기》나 정사인 《속일본후기》는 장보고 선단
의 대외 교역 활동과 재당 신라인의 생활상을 자세하게 기록하고 있다. 장보고에게
보내는 편지와 청해진에서 건너온 사람과 접촉한 정황뿐만 아니라, 청해진 폐진 이
후의 상황도 그려져 있다. 반면 우리나라 기록인 《삼국사기》는 《신당서》나 《번천문
집》 내용을 그대로 옮겨 적는 정도였다.

옛날 기록도 그렇지만, 오늘날 그를 기리는 노력도 이웃 나라에 비해 소홀한 것이
현실이다. 중국은 당시 장보고가 지은 절인 적산촌 법화원을 대대적으로 복원하여
산둥성 최대의 관광지로 만들었다. 또한 일본 천태종의 총본산인 적산선원에는 장보

(왼쪽 위부터 시계방향으로) 중국 적산법화원, 일본 적산선원, 완도 장보고 사당, 완도 법화사 절터. 〈이미지=완도군청〉

고를 재물의 신으로까지 모시며 추앙하고 있다. 이에 반해 장보고의 고향인 완도를 보면 초라하기 그지없다. 완도 상왕봉에 법화사 절터만 있다. 게다가 중국과 일본보다 상대적으로 조촐한 장보고 사당은 그 방향이 바다가 아닌 산을 향하고 있어 청해 정신의 의미를 반감시키고 있는 현실이다.

장보고 대사의 청해 정신(프론티어 정신)은 역사적인 쾌거였다. 우리나라 역사를 통틀어 먼 바다를 장악했던 사람은 오직 장보고 한 사람이었다.

홍해-아랍해-인도양을 거쳐 남중국해로 이어지는 무역항로를 서해에서 이어받아 일본과 연결하였다. 그는 한반도를 벗어나 동아시아 바다를 쥐락펴락한 세계적 인물이었으며, 한·중·일 3국 정사에 기록된 유일한 인물이었다.

장보고 대사의 스케일은 당시 기술진보 단계에서 보면 가히 독보적이었다. 그가 활약했던 9세기는 조선술과 항해기술이 연안에 머무르던 연안 항해의 시대였다. 이러한 때 장보고 대사는 신라-당-일본을 잇는 먼바다의 해상권을 장악했다. 이를 현대 선박의 크기와 항해기술을 적용하여 재해석한다면, 태평양과 동남아의 제해권을 좌지우지한 정도일 것이다. 심지어 우리가 존경하는 성웅 이순신 장군도 연안에서 침입하는 왜적을 격퇴한 것이지, 능동적으로 먼바다에 나가 해상권을 장악한 경우는 아니었다.

완도대교를 건너 완도읍으로 가는 도로를 달리다 보면 멀리 장보고 대사의 동상이 정면에 나타난다. 그런데 가까이 가보면 장보고 동상은 여타 동상과 다른 특이한 점이 있다. 동상은 오른손에 작은 칼을, 왼손에 물품 도록을 쥐고 남해의 푸른 바다를 응시하고 있다. 갑옷을 입고 있으나, 투구를 쓰지 않고 머리카락을 흩날리고 있다. 장보고 대사의 이런 모습은 전쟁을 하는 장군이 아니라, 해적을 물리치고 동시에 해상무역을 전개했던 해상치안의 총수 혹은 무역왕의 이미지이다.

역사에 만약이란 없지만, 필자는 우리나라 해양사 측면에서 상상을 해보곤 한다. 장보고 대사가 살아남아 30년만 더 동아시아 바다를 지배했다면, 우리나라 역사는 어떻게 변했을까? 아쉬움이 크게 남는 대목이다. 장보고 대사는 오늘도 멀리 동아시아 바다를 바라보며 후손들에게 외치고 있다. "널리 바다를 깨끗하게 하라!"

완도 장보고기념관에 있는 장보고 동상. 〈이미지=완도군청〉

홍어는 왜 삭혀서 먹지?

"홍어삼합 좋아하세요?"

삭힌 홍어와 삶은 돼지고기에 묵은 김치를 얹어서 먹는 음식. 홍어의 쏘는 맛과 돼지고기의 부드러운 맛이 김치의 깊은 풍미에 어우러지는 맛. 그런데 식당에서 맛볼 수 있는 홍어는 대부분 삭힌 상태의 것이다. 삭힌 홍어에서 나는 쿰쿰한 냄새는 익숙해진 사람도 가까이하기 힘들다.

그렇다면 다른 생선과 달리 홍어는 왜 삭혀서 먹는 걸까? 삭힌 홍어가 유명한 곳은 나주 영산포이다. 옛날처럼 배가 드나들지 않지만, 지금도 홍어 요리를 취급하는 식당이 늘어선 홍어의 거리가 있다. 이곳이 삭힌 홍어로 유명한 것은 이유가 있다. 냉장 시설이 없던 시절. 산지인 흑산도에서 영산포까지 잡은 홍어를 배로 옮겨오려면 여러 날이 걸렸다. 그동안 홍어가 배에서 자연스레 발효되었는데, 이를 맛보니 독특한 풍미를 있어 그때부터 삭혀 먹었다고 한다.

다른 생선은 시간이 지나면 부패하여 독성 물질이 생겨난다. 그런데 홍어나 가오리는 체내의 요소 성분이 암모니아로 분해되면서 부패가 아닌 발효가 이루어진다. 발효된 홍어는 여러 날이 지나 먹어도 소화가 잘 되고 탈이 나지 않는다.

삭힌 홍어는 부침으로 먹기도 하고, 보릿잎을 넣어 홍어 애국을 끓이기도 한다. 홍어는 열을 가하면 쿰쿰한 냄새와 쏘는 맛이 더해지는 특성이 있다. 그래서 홍어 부침이나 홍어 애국을 먹으면 코끝이 찡할 정도로 독한 맛이 난다. 삭힌 홍어회를 먹는 사람도 홍어 애국에는 손사래를 치는 경우가 많다.

하지만 홍어의 본고장 흑산도 사람들은 삭힌 홍어보다 생홍어를 즐긴다. 생홍어를 썰어놓으면, 빨간색 살이 올록볼록 튀어나와 시각적으로 식욕이 돋는다. 씹으면 찰지면서도 부드러운데, 끝맛이 달착지근하다. 홍어에 대한 편견을 가진 사람이라도, 삭힌 홍어 냄새가 전혀 없고, 특유의 깊은 향취까지 더해진 쫄깃한 식감에 금방 반한다.

이렇게 볼 때 홍어를 일부러 삭혀서 먹었다기보다 어쩔 수 없이 삭은 것을 먹었던 것이 굳어진 것으로 볼 수 있다. 그러니 홍어를 좀 아는 사람들은 생홍어를 더 즐긴다.

23
콜럼버스보다 90년을 앞섰던 정화의 세계 일주

중국의 정화 항해 600주년 기념우표.

항해에 대하여 이야기하면 사람들은 콜럼버스와 대항해 시대를 떠올린다. 유럽에서 대서양을 건너 동양으로 향했던 수많은 항해를 기억해 낸다. 바스코 다 가마, 마젤란, 드레이크, 쿡 등 항해가의 이름과 함께. 그런데 지구 반대편에서 유럽 항해가들보다 훨씬 앞서 거대한 규모로 세계를 항해한 사람이 있었다.

함대를 이끈 이는 명나라 환관 정화(鄭和)였다. 규모로만 본다면 오늘날 항공모함 함대조차 정화 함대와 비교 대상이 되지 못할 것이다. 그렇다면 정화 함대는 무슨 목적으로 서쪽으로 간 것이었을까? 정화보다 90년 뒤에 떠났던 콜럼버스처럼 황금을 찾고 복음을 전하러 갔던 것일까?

정화함대가 서쪽으로 간 까닭은?

때는 중국 명나라 건국 초였던 1402년. 화려한 황궁은 불길에 휩싸이고 궁인들은 남녀를 가리지 않고 무참히 도륙당하고 있었다. 아수라장이 된 궁궐 바닥에 시체가 쌓여있었고, 군사들은 그 틈에서 누군가를 찾아다니고 있었다. 하지만 군사들이 찾는 시체는 끝내 발견되지 않았다. 그들이 찾고 있는 사람은 명나라 2대 황제인 주윤문(朱允炆, 건문제)이었다. 그리고 그를 찾으려는 사람은 황제의 삼촌이자 3대 황제가 되려는 주체(朱棣, 영락제)였다.

조선 시대 세조와 단종의 관계처럼 권력다툼은 삼촌의 승리로 끝났다. 하지만 어린 황제의 행방은 묘연했다. 황제가 된 주체는 조카의 흔적을 찾았지만 실패했다. 먼 바다로 달아나 복수를 꿈꾸고 있다는 소문만이 돌 뿐이었다. 주체는 결국 먼 바다에까지 사람을 보내기로 했다. 역사적인 정화 함대의 항해는 이렇게 시작되었다. 사실 정화 원정은 여러 가지의 목적이 있었다. 명나라 건국 이후 외교적 관계의 재정립, 정치적인 힘과 영향력의 확대, 조공 무역 등과 여기에 더해 사라진 황제를 찾으려는 숨은 의도도 있었다.

원정의 책임자는 정화였다. 그는 원나라 때 서역에서 운남성으로 이주해 온 이슬람교도의 후손으로 1371년 태어났다. 성은 마(馬), 이름은 삼보(三寶)였다. 그와 주체는 묘한 인연으로 만났다. 원나라 세력을 몰아내던 명 군대는 1381년 운남 지역을 공격하였는데, 어린 정화는 포로로 잡혀 관습에 따라 거세를 당했다.

하지만 정화는 이를 원한으로 삼지 않고 오히려 명 군대에서 공을 세우며 승승장구해 나갔다. 그리고 여러 차례 생명을 건 전투에서 공을 세워 주체의 황제 등극에 기여

말라카 스테데이스 박물관에 있는 정화 동상.

1. 서양
현대적 의미의 서양이 아니라 당시 중국에서는 말라카보다 서쪽을 서양이라 칭했다.

하였다. 마침내 1404년 주체로부터 '정(鄭)'씨 성을 하사받았고, 정4품에 해당하는 직위도 받았다.

그 후 주체가 서양(西洋)[1]에 파견할 사신으로 정화를 뽑았다. 앞서 언급했듯 정화의 선조는 서역 출신 이슬람교도로서 일찍이 성지 순례를 다녀오는 등 해외 상황에 밝고 모험심이 뛰어났다. 이에 영향을 받은 정화도 탐험정신과 비범한 재능을 가졌다. 또한 주체의 주변 인물 중 외모나 지혜가 가장 뛰어났다고 한다.

2년여의 준비기간을 거친 끝에 함대가 출항하였다. 1405~1433년까지 27년에 걸친 일곱 차례 대원정의 서막이었다. 항로는 동중국~남중국해~말라카 해협~인도양~페르시아만~홍해~아프리카까지의 대장정이었다. 총 거리는 18만 5,000km에 달하였다. 《정화의 항해도》에는 정화 함대가 방문했던 36개 지역과 530곳 지명이 기록되어 있다. 정화 함대의 규모는 역사상 유례를 찾아볼 수 없는 수준이었다. 크고 작은 배 60~200척이 함대를 이루었고, 2만 7,800명의 사절단이 동시에 움직였다.

유례없는 기간, 규모의 대원정이 시작되다

1차 항해(1405~1407년)는 인도 캘리컷까지 다녀왔다. 정화 함대는 방문지와 교역을 하였다. 함대에서 중국의 비단, 자기, 차, 공예품을 하사하면, 당 왕조에서는 진귀한 보물과 특산물을 답례로 진상하는 형태였다. 그 당시 캄보디아나 말라카는 향료로 유명했다. 또 태국을 방문했을 때는 흰 코끼리, 물소, 공작 등을 선물로 받기도 하였다. 스리랑카의 진주나 참파[2]의 호박도 포함되었다.

2. 참파
2세기 말 현재의 베트남 중부 지방에 인도네시아인이 세운 왕국이다.

대원정은 교역 활동 이외에 정치적 경향도 띠었다. 참파, 자바, 팔렘방 등 일대의 영향력이 큰 지역과 왕조를 방문하였을 때 왕조 간 분쟁을 해결하는 등 영향력을 행사하였다. 3차 항해에서는 스리랑카의 분쟁을 진압하고 말라카를 독립국으로 승인하는 등 외교적 능력을 발휘하기도 하였다.

1412년 떠난 4차 항해부터는 동남아를 넘어 페르시아만, 서아시아, 아프리카까지 방문하였다. 오래전부터 아랍인이 아프리카, 아시아를 거쳐 중국과도 교역을 해왔기 때문에 이미 항로가 있었다. 정화 함대는 낙타, 기린 등 희귀동물과 산호, 보석을 받기도 하였다. 특히, 기린은 중국에서 상서로운 동물로 여겨졌다. 중국 전설 속의 기린은 사슴의 몸, 소의 꼬리, 말의 발굽, 이리의 머리에 두 개의 뿔이 달린 동물로서 세상이 태평하고 백성이 평안한 시기에 나타난다고 전해졌다. 이에 기린을 진상 받은 황제 주체는 몹시 기뻐하며 그림으로 그려 남기게 했다.

그런데 1421년 떠난 6차 항해와 관련해서는 논란이 있다. 이때 함대는 수마트라에서 여러 분대로 나누어 다양한 지역을 방문하였는데, 가장 늦게 중국에

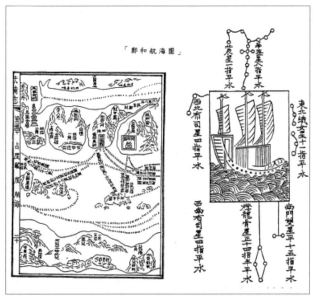

정화의 항해도.

도착한 분대는 6년만인 1425년에 돌아왔다.

이와 관련하여 영국의 개빈 멘지스는 《1421 중국, 세계를 발견하다》라는 책에서 놀라운 사실을 발표하였다. 그는 정화 분대가 콜럼버스보다 71년 앞서 아메리카를 발견했다고 주장하였다. 또 쿡보다 350년 앞서 호주를 방문하였고, 심지어 남극과 북극까지 방문하였다는 것이다. 나아가 콜럼버스는 항해를 떠나기 18년 전에 《정화의 항해도》를 베낀 아메리카 지도를 가지고 있었다고 주장했다. 이에 대하여는 정확히 증명할 길은 없지만 흰동인 논란이 되기노 했다.

정화 함대의 가장 큰 규모의 배를 보물선을 뜻하는 보선(宝船)이라 했는데, 길이 150미터, 폭 60미터에 최대 7,000톤급에 달했다. 아홉개의 돛대가 있어 열두 개의 돛을 설치하는 4층 구조였으며, 1,000명까지 태울 수 있었다. 위층과 중간층에 대포를 설치하였으며, 기둥과 대들보를 채색하여 화려한 모양이었다. 그 크기와 웅장함은 실로 물 위를 떠다니는 사령부라 할 만했다.

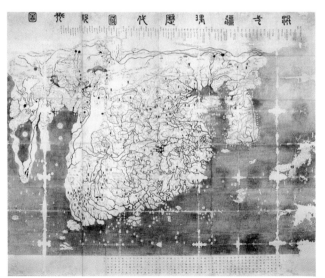

15세기 초 조선에서 제작한 '혼일강리역대국도지도'는 정화 시대의 명나라와 그 주변국의 세계관을 보여준다.

보선 이외에도 다양한 종류의 배가 동행했다. 예를 들면 전좌선은 전투와 작전을 담당하였고, 마선은 물품, 가축, 일상용품을 싣는 종합보급선이었으며, 수선은 식수를 운반하고 공급하는 전용선이었다. 심지어 배에 관을 신고 다니기도 하였는데, 침몰당할 경우 높은 관리의 시신을 밀봉하여 바다에 표류시키기 위한 용도였다.

명나라 배는 밑바닥이 좁고 먼바다를 항해하기 적합한 형태였는데, 복건성을 중심으로 만들어졌다. 또 장강 중하류와 남경에도 조선소가 있었다. 중국 배를 '정크선(junk)'이라 하였는데, 돛은 가로형 널빤지를 간격을 두고 설치하고 그 아래로 천을 늘어뜨린 형태였다. 정크 돛은 동아시아의 다른 나라에서도 쓰였으며, 이순신 장군의 거북선에도 사용되었다.

한편, 함대는 '귀(貴)'자 형태를 유지하며 항해하였다. 선두에는 안행대[3]의 정찰대를 두어 전방을 경계했다. 중간에 위치한 주력함 좌우에는 방위 함대를 배치하여 마치 새가 양 날개를 편 듯한 모양을 이루었다. 배와 배간에 깃발, 등불, 음향 등 신호를 이용하여 명령을 전달하였다.

동아프리카 해안으로 원정을 떠난 후 성공적으로 돌아온 정화 함대가 명나라 황제 영락제에게 공으로 받아온 기린을 그린 그림. 〈미국 필라델피아박물관〉

정화 함대는 편제를 치밀하게 분담하고, 과학적 방법으로 항해하였으며, 엄격한 질서하에 움직였다. 먼저 황명을 받들어 함대를 지휘하는 지휘센터가 있었다. 지휘관은 환관이 대부분이었는데, 항해·외교·교역에 관한 중요한 정책 결정을 하였다. 항해 업무를 전담하는 부서는 천문을 관측하고 돛과 닻을 다루고 항해를 책임졌다. 해적이나 침입 세력을 격퇴하는 군사 부서도 있었다. 또한 대외적인 외교와 예절을

3. 안행대
기러기 떼가 날아가는 모양을 말한다.

담당하고 식량을 관리하며 질병을 치료하는 부서도 있었다.

당시 중국의 조선술과 항해술은 유럽보다 몇백 년 앞서 있었다. 예로부터 히말라야 고원에서 불어오는 계절풍을 이용하여 아랍 상인이 인도양을 오갔다. 중국 상인도 말라카를 근거로 삼아 인도 캘리컷에서 아랍 상인과 교역했다. 무역을 장려하였던 송대와 원대로 이어지면서 무역은 활발해 졌고, 이와 함께 항해술도 더욱 발달하여 명대로 이어졌다.

정화의 대함대 모형 〈말라카 정화문화관〉

당신만 몰랐던 매혹적인 바다이야기 27 | 알고 보면 신기하고 재미있는 Sea Story

이렇게 15세기에 이르러 아랍 다우선이 이끌던 동남아 교역로를 정크선이 대체하기 시작하였다. 그 결과 말라카 해협을 기점으로 동쪽은 정크 교역로가, 서쪽은 다우 교역로가 지배하게 되었다.

정화 함대는 육지나 바다의 지형, 조수를 이용하는 지문 항법뿐만 아니라, 밤에 별자리를 보고 항로를 찾아가는 천문 항법도 알고 있었다. 또한 육분의, 나침반, 수심 측정기, 음향측정기 등의 발전된 항해기구도 사용하고 있었다.

콜럼버스 항해와 정화 항해는 유치원생과 대학생

정화의 원정으로 중국은 유럽보다 앞서 해양 정복의 기회를 잡았었다. 이는 콜럼버스의 아메리카 항해와 비교해 보면 더욱 분명해진다. 시기를 비교하면 정화의 1차 항해는 1405년으로, 콜럼버스의 1492년 항해보다 거의 90년 정도가 앞선다. 규모 면에서도 정화 함대는 한 번에 평균 100척에 27,000명 정도가 참여하였으나, 콜럼버스 항해는 산타마리아호 등 3척에 90명이 떠났다.

중국에서 발명되어 서양으로 전파된 측천의(위)와 나침반(아래).

배의 크기를 보면, 보선은 길이 150미터, 폭 60미터에, 최대 7,000톤급으로 천 명을 태울 수 있었다. 반면 캐럭선 산타마리아호는 길이 27미터에 150톤 정도였다고 한다. 흔한 비교인 대학생과 유치원생 간의 차이를 넘어서는 수준이다.

원정 목적이나 방식에도 큰 차이를 보였다. 정화의 항해는 평화적 외교와 교역이 목적이었다. 분쟁을 평화적으로 해결하고 물품을 교역했으며, 방문 지역을 무력으로 공격하지 않았다. 경제 착취나 강제적인 종교의 전파도 없었다. 하지만 콜럼버스의 항해는 처음부터 후추와 황금을 찾고 성경의 복음을 전파하는 것이 목적이었다. 그의 항해 이후 세계 곳곳이 유럽의 식민지로 전락했으며, 사람들은 착취와 학대에 신음해야 했다.

대항해 시대를 되돌아보자. 포르투갈 엔히크 왕자가 세운 항해학교는 아랍과 유대에서 초빙한 항해가가 없었다면 문조차 열지 못했을 것이다. 식민지를 향해 역풍을 거슬러 다니던 많은 캐러벨선의 라틴세일은 아랍의 다우 삼각돛에서 유래하였다. 바스코 다가마가 희망봉을 돌아 인도까지 갈 수 있었던 것도 이전부터 인도양 곳곳을 누벼왔던 아랍 항해가의 길 안내 덕분이었다. 코르테스나 피사로가 불과 몇백 명으로 아즈테카 왕조를 제압할 수 있었던 것은 화약의 힘이었다.

유럽으로 하여금 수많은 식민지 지배를 가능하게 했던 화약과 나침반을 발명한 나라는 중국이었다. 이 모든 빚을 지고 있던 유럽이 이를 전해준 은인을 식민지화했다는 것은 역사의 아이러니가 아닐 수 없다.

1433년 7차 원정을 끝으로 명나라는 해금 정책을 펼치며 바다에 대한 관심을 접게 된다. 명 초기부터 유교 사상과 농업을 중시하는 문인 관료와 해상무역을 중시하는 환관 세력 간의 권력다툼이 지속되어오다가, 문인 관료가 권력을 잡은 것이다. 이후 명—청기에 바다를 경시하던 중국은 결국 아편 전쟁에서 작은 섬나라 영국에 패하여 반식민지로 전락하며 근세를 맞는다.

하지만 현대 중국은 몸을 돌려 해양을 등지고 있는 나라가 더 이상 아니다. 아편 전쟁에 패배했던 해금의 나라가 아니다. 1998년 《내셔널 지오그래픽》지에서는 지난 천 년 동안 가장 영향력 있는 탐험가 중에 정화를 선정했다. 동양인으로는 유일하였다. 정화의 세계 항해의 부활을 꿈꾸고 있는 중국은 오늘날도 해양굴기(海洋崛起)의 기치를 외치고 있다.

24

엇갈린 운명의 두 표류자,
조선과 일본에 표착하다

전남 강진군 병영면에 가면 전라 병영성이 있다. 조선시대 전라도와 제주도 육군을 총괄 지휘했던 본부가 있던 장소다. 그런데 산골인 이곳을 둘러보던 사람들은 의외의 풍경에 놀라게 된다. 네덜란드 상징인 풍차가 성벽 옆에 우뚝 서 있고 그 뒤로 이국풍 건물이 있기 때문이다. 이곳이 바로 파란 눈의 표류자 하멜(Hamel)이 7년간

전라병영성. 〈이미지=강진군청〉

유배를 살았던 마을이다. 이 하멜기념관에는 실물 크기 하멜 동상이 먼 곳을 손가락으로 가리키고 있다. 그의 손가락과 눈동자는 그의 고향인 네덜란드 호르큼을 향하고 있다.

버스커 버스커의 노래《여수 밤바다》로 유명해진 여수시 하멜로에도 하멜 유적지가 있다. 여기도 풍차가 있고, 전라병영성의 것과 동일한 하멜 동상이 서 있다. 네덜란드 호르큼시에서 제작하여 두 곳에 기증한 것이다. 하멜 등대로 불리는 이곳이 그가 조선에서 마지막 3년을 머물다 일본으로 탈출했던 장소이다.

16세기 동아시아는 격변의 소용돌이 속에 있었다. 1492년 스페인 왕실의 지원을 받은 콜럼버스는 서쪽으로 항해해 신대륙을 발견했다. 아프리카를 돌아 동쪽으로 향하던 포르투갈은 바스코 다 가마를 앞세워 1498년 인도에 도착했다. 조용했던 동아시아 바다가 들끓기 시작했다.

16세기 초 동남아에 먼저 진출한 것은 포르투갈이었다. 1511년 포루투갈은 동남아 집산항이던 말라카를 함락시켰다. 이후 1513년 말루쿠 제도에 상관을 설치하였고,

하멜기념관. 〈이미지=강진군청〉

1515년에는 페르시아만 호르무즈를 제압했다. 중국과 동남아 간 무역을 하던 포르투갈은 1557년 마카오에 무역중심지를 만들었다. 그리고 1571년부터는 포르투갈 배가 나가사키에 내항했다.

아메리카 식민지 개척에 주력하던 스페인도 1571년 마닐라시를 건설하였다. 그리고 스페인 왕 필리페 2세[1] 이름을 따라 그 땅을 필리핀이라 불렀다. 이후 멕시코와 마닐라를 잇는 태평양 항로가 열렸다.

1. 펠리페 2세
16세기 스페인 왕으로 신대륙 무역으로 부를 축적하여 스페인 최전성기를 이끌었다.

1704년경 제주도 목사를 지낸 송정규가 지은 ≪해외문견록≫이라는 책이 있다. 이 책은 그동안 제주도에 발생했던 표류 사건을 정리한 책이다. 여기에는 중국, 일본, 유큐(오키나와), 안남(베트남) 등으로 표류해 갔거나 제주로 표류해왔던 다양한 이야기가 나오고, 하멜과 최부의 표류 이야기도 나온다.

이처럼 16세기 조선을 둘러싼 동아시아는 이미 해양을 통해 빈번히 교류하고 있었다. 하멜이 제주에 상륙한 해가 1653년이니, 이때는 아시아 바다가 열린 지 100년도 더 지난 시점이었다. 표류인 많아지고 이양선 출현이 잦아졌지만, 조선 지배자들은 바깥세상에 전혀 관심이 없었다.

하멜, 낯선 땅 조선에 표착하다

하멜은 1653년 8월 제주도 표착했다가, 1666년 9월 탈출할 때까지 13년 28일을 조선에 머물렀다. 그는 스물네 살에 표류한 후 서른아홉 살이 되어서야 고향 땅을 밟을 수 있었다. 그가 조선에서 1년 이상 살았던 곳만 해도 제주, 한양, 강진, 여수 등 네 군데나 되었다.

1668년 네덜란드에 돌아간 하멜 일행이 조선에 머물렀던 동안 받지 못한 임금을 청구하려 동인도회사에 일지를 제출했다. 그 일지가 우리가 아는 《하멜표류기》이다.

표류기는 당시 겪었던 사건을 일자별로 기록한 《하멜 일지》와 조선의 관습과 생활상을 기록한 《조선국에 관한 기술》 두 책자로 이루어져 있다.

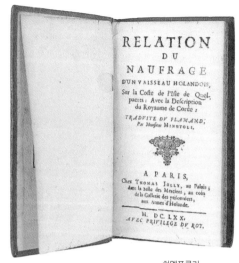

하멜표류기.

하멜의 사연은 이렇다. 그는 1630년 네덜란드 호르쿰의 자산가 집안에서 태어났다. 스무 살에 동인도회사 소속으로 바타비아(자카르타)에 파견되었다. 거기서 1653년 스페르베르호를 타고 일본 나가사키로 가던 도중 폭풍을 만나 제주도에 좌초되었다.

살아남은 일행 36명이 제주 목사 앞으로 끌려가 심문을 받았으나, 의사소통이 되지 않았다. 두 달이 지난 즈음 붉은 수염을 한 사람이 나타났다. 그는 25년 전 조선에 표류했다 귀화한 네덜란드인 벨테브레(Weltevree)였다. 그는 박연이라는 조선 이름으로 바꾸고 훈련도감에서 일하고 있었는데, 사정을 알아보러 왕이 보낸 거였다. 그는 모국어를 거의 잊고 있었다.

겨우 박연에게 사정을 이야기하고 고국으로 돌아가길 청하였으나, 조선은 외국인을 밖으로 내보내지 않으며 여기서 여생을 마쳐야 하는 게 이 나라 법이라는 대답을 들었다. 일행은 병졸들 감시하에 왕의 교시를 기다렸다.

1654년 5월 왕으로부터 서울로 압송하라는 답신이 왔다. 해남-나주-정읍-전주-공주를 거쳐 한양에 올라간 일행은 왕을 만났다. 일행은 자기들을 일본으로 보내 고국으로 갈 수 있게 해달라고 간청했다. 하지만 벨테브레 말처럼 왕은 "외국인을 보내는 것은 이 나라 관습이 아니며, 부양을 해 줄테니 죽을 때까지 여기서 살아라!"고 대답했다. 일행은 왕의 친위대에 소속되었으며, 호패도 교부받았다.

박연(벨테브레) 동상.

일행은 한양에 있을 동안 고관들 집에 불려 다녔다. 호기심을 채우기 위한 구경거리였다. 또 사람들 관심 때문에 거리를 지나다니기도 힘들 정도였다. 한양에서 2년을 보낸 일행은 1656년 3월 전라남도 강진으로 귀양을 떠났다. 일행 중 두 명이 탈출을 목적으로 몰래 청나라 사신을 접촉했기 때문이었다. 당시 전라도 강진군 병영면에는 전라도와 제주도 육군 총지휘부인 진라병영성이 있었다. 여기서 일행은 병영지기 생활을 하며 지냈다.

유배 생활은 비참할 정도였다. 동네 사람들의 멸시와 천대를 견뎌야 했다. 땔감을 구하러 산속을 헤매거나 구걸을 해서 끼니를 때우기도 했다. 유배 7년 동안 일행 11명이 죽었으며, 22명만 생존할 수 있었다.

그러다가 기근이 닥쳤다. 지방관은 왕에게 이들을 더 이상 수용할 수 없다고 요청했다. 이로 인해 1663년 2월 하멜 등 12명은 여수로, 나머지는 순천과 남원으로 이송되었다. 전라좌수영 본영이 있던 여수에서 하멜은 좌수영 문지기 생활을 하였다. 그러던 어느 날 하멜과 일행 7명은 어부를 설득하여 배를 사들였고, 1666년 9월 4일 배를 띄워 여수를 탈출하였다. 결국 일행은 나가사키를 거쳐 1668년 네덜란드로 돌아갔다. 실로 고향을 떠난 지 20년 가까이 흐른 뒤였다.

조총(댓뽀)를 가지고 온 이방인들

한편 하멜이 표류하기 110년 전인 1543년 같은 달. 일본 큐슈의 남단 동남쪽의 섬인 다네가시마(種子島)에 정체불명의 선박이 표착했다. 이때는 일본이 서양과 본격직으로 교류를 시작하기 전이었다.

좌초된 배는 중국 광동에서 출항한 남만선[2]이었는데, 108명의 선원이 타고 있었다. 그들 중에는 포르투갈인도 세 명이 있었다. 배는 심하게 파손되어 수리하자면 여러 날이 걸릴 것으로 예상되었다. 그들은 출항할 때까지 인근 절에 묵게 되었다.

그들이 묵고 있는 절에 준수한 외모의 소년이 나타났다. 그는 그 섬의 도주(島主)인 도키타카였다. 젊은 도주는 매일 포르투갈인을 찾아왔다. 그러다 그들이 가지고 있는 구멍 뚫린 쇠막대에 호기심을 보였다.

이에 그들은 언덕에 올라가 사격 시범을 보였다. 50보 거리에 말뚝을 세우고 그 위에 큼직한 조개껍데기를 올려놓았다. 그리고 쇠막대에 검은 가루와 구슬을 넣고 불붙인 끈을 끼웠다. 이어 뺨을 대고 겨누었다. 순간 쇠막대에서 불이 뿜어져 나오며 천둥소리가 났다. 조개껍데기는 산산조각이 났다. 토키타가의 눈빛이 경이로움으로 빛났다.

2. 남만선
일본에서 동남아시아를 통해 들어오는 선박을 지칭하던 용어로, 처음에는 명나라, 안남 등의 선박을 뜻하다가 후에 포르투칼, 스페인 선박을 뜻하는 용어로 변화하였다.

조총을 받아들인 도키타가 동상.

이 쇠막대가 이후 전국시대를 통일하고 임진왜란에 사용되었던 조총이었다. 토키타 카는 잠시도 이 물건을 손에서 놓지 않았다. 결국 거금을 주고 2자루를 샀다. 당시 지불했던 돈을 오늘날 화폐 가치로 환산하면 10억 원 정도였다니 놀라지 않을 수 없다.

곧바로 칼 명인 야이타 킨베를 시켜 총을 분해하여 국산 제작에 돌입했다. 문제는 화약 폭발력에 총알이 나가도록 뒤쪽을 막는 기술을 체득할 수가 없었다. 이에 사용되는 나사를 깎는 기술이 중요했는데, 아무리 궁리해도 알 수가 없었다. 결국 야이타는 포르투갈인 제이모토에게 외동딸을 주고 나서야 비법을 전수받을 수 있었다.

이렇게 만들어졌던 조총은 전쟁터였던 전국시대 혼란을 마감시켰다. 오다 노부나가에 의해 전술적으로 채택되었고, 후계자 도요토미 히데요시가 전국을 통일하는데 크게 기여하였다. 그리고 후에 조선 침략의 일등공신이 되었다.

사실 조선에도 일찍이 조총이 소개되었었다. 일본에 조총이 전래된 11년 후인 1554년에 명종에게 직접 보고되었던 적이 있었다. 또 임진왜란 2년 전인 1590년 대마 도주 요시토시가 선조에게 직접 조총을 진상했다. 하지만 곧바로 창고에 처박혔다. 그리하여 2년 후 조선 땅은 그 조총에 짓밟히는 운명에 처하게 되었다.

'무뎃뽀'라는 말이 있다. 앞뒤 생각 없이 경솔하게 행동하는 것을 뜻하는 속된 표

일본 사무라이가 사용했던 조총. 〈이미지=123RF〉

현이다. 여기서 조총의 일본어 표현, 즉 철포(鐵砲)의 발음이 뎃뽀(てっぽう)다. 그러니 '무뎃뽀(無鐵砲)'란 전쟁터에 나가면서 조총도 없이 무턱대고 뛰어나가는 사람을 일컫는 표현이다. 대마 도주가 일부러 진상한 조총의 효용을 무시하고, 그 총에 강산을 유린당했던 선조야말로 무뎃뽀의 표상이 아닐까?

보았듯이 1543년 일본에 표류했던 제이모토 일행은 호기심 어린 태도에 조총의 비밀을 전해주었다. 그리고 젊은 도주는 그것으로부터 배우고 탐구하여 시대를 바꿀 물건을 만들어 냈다. 그런데 110년 후 조선에 표류했던 하멜 일행은 어떠한 대우를 받았는가? 우물 안 것만을 고집하는 거부 속에 갖은 고초와 시련을 겪은 후 조선을 탈출했다.

이렇듯 낯섬을 대하는 조선과 일본의 태도는 표류했던 두 사람의 운명을 갈랐다. 그 태도는 거기서 끝나지 않고, 결국 두 나라의 운명까지 결정지었다. 낯섬에 호기심과 연구로 다가간 일본은 그 낯섬에서 배우고 나라를 부강시켰다. 반면, 낯섬에 접하여 시종일관 배척과 거부의 태도를 취했던 조선은 나라를 전장의 소용돌이로 몰아넣었다.

나라 밖 세상이 다 변했는데도 변화와 혁신에 둔감했던 조선. 나라 밖에서 들어오는 모든 낯섬을 거부하고 밀어냈던 유교 국가 조선. 하멜이 네덜란드에 돌아간 지 200년이 지난 시점에 조선을 둘러본 서양인이 적은 글을 소개한다. 이 글을 보면 조선에 닥쳐올 일제 식민통치를 예견하는 듯하여 입맛이 씁쓸하다.

"네덜란드 배 화물 감독인 하멜은 조선의 예절과 풍습에 대해, 나라와 백성에 대해 정확히 묘사하고 있다. ···중략··· 언어와 풍속, 양면에 있어서 토착적인 보수주의가 너무 강해서 200년 전 하멜의 표현은 오늘날 조선인의 모든 생활 특징을 그대로 가지고 있다."

짝퉁 생선은 진짜와 어떻게 구별하지?

생선를 좋아하는 사람이 많아졌다. 특히, 바닷가로 여행을 가서 싱싱한 회를 즐기지 않는 것은 무언가 빠진 듯한 느낌조차 든다. 그런데, 맛있고 비싼 생선일수록 짝퉁이 많은 것도 사실이다. 엔간히 예리한 눈과 식감을 가지지 않으면, 바가지를 씌워도 도리가 없다.

제주도에 가면 한 번쯤은 맛보고 싶은 생선이 바로 다금바리다. 그런데, 비싼 다금바리를 먹었는 줄 알았는데, 알고 보니 능성어인 경우가 많다. 최고가 회인 다금바리는 능성어와 구별하기 힘들다. 체형, 빛깔 등 여러 면에서 비슷하지만, 그래도 구별 방법은 있다.

둘의 차이는 무늬에 있다. 다금바리는 불규칙한 호피 무늬가 나타나지만, 능성어는 일곱 개 가로줄무늬가 비교적 규칙적이다. 결정적으로 다금바리는 두 줄의 무늬가 몸체에서 뺨으로 이어진다. 반면, 능성어는 몸에서 뺨으로 이어지는 무늬가 없다. 그러니 둘을 구분하려면 뺨을 들여다보라. 능성어가 가짜 다금바리 취급을 받고 있지만, 알고 보면 능성어도 웬만한 돔 어종보다 고급 어종이다. 그래서 참돔이나 감성돔보다 훨씬 비싸다.

식도락가 중에 보리굴비 정식을 좋아하는 사람이 많다. 녹차물에 밥을 말아 바싹하게 말린 굴비를 얹어 먹는 맛은 일미다. 보리굴비는 모두 (참)조기를 건조시켜 만들까? 그렇지 않다. 요즘 보리굴비는 거의 부세를 건조시켜 만든다.

둘은 육안으로 보아서는 구별하기 힘들다. 참조기와 부세 모두 배쪽이 황금빛이 있어 중국인이 좋아한다고 한다. 참조기가 식감이 쫄깃한 반면, 부세는 식감이 부드럽다.

참조기와 부세는 모두 민어과에 속하지만, 가격 차이가 크다. 비싼 돈 주고 조기 대신 부세를 먹지 않으려면, 위에서 머리 형태를 살펴보면 된다. 참조기는 다이아몬드 형태의 골격 융기가 있는 반면, 부세의 경우 융기의 각도가 달라 거의 11자 형태이다. 다이아몬드 골격은 얼핏 눈으로 봐도 보이지만, 머리 부분을 손으로 만져보면 확실하게 확인할 수 있다.

25
불법 중국어선의 원조,
황당선을 아시나요?

최근 들어 중국어선의 불법 남획은 지구적인 문제가 되었다. 중국어선은 일본, 러시아 등 동북아를 비롯해 인도네시아, 베트남 등 남중국해에 진출한 지 오래다. 멀리 남미의 아르헨티나, 칠레 앞바다나 아프리카 동부 해안에도 출몰한다. 심지어 남극해나 북극해도 안전지대는 아니다. 마구잡이식 어획은 물고기 씨를 말리고 환경을 파괴하고 있다. 이런 가운데 자국을 침범하는 불법 중국어선을 붙잡아 여러 척을 폭파시켜 영토수호 의지를 보여준 인도네시아 여성 해수부 장관이 화제가 된 적도 있다.

그럼에도 예나 지금이나 이들의 불법어로로 가장 피해를 입는 곳은 중국과 지리적으로 인접한 서해다. 그중에서도 서해 5도 피해가 심각하다. 이곳은 북한과 인접하여 외국 어선 조업이 원천적으로 불허되는 해역이다.

반면 중국어선 입장에서는 북한과 인접해 있다는 것이 오히려 도움이 된다. 적발될 경우 NLL(북방한계선)[1]을 넘어 북한 쪽으로 도주할 수 있어서다.

1. NLL(북방한계선)
1953년 정전 직후 클라크 주한 유엔군 사령관이 서해 5개 도서와 북한 황해도 지역의 중간선을 기준을 설정한 해상경계선이다.

이렇게 NLL 해역에서는 남북관계를 교묘히 이용한다. 악기상을 틈타 경계선 줄타기를 하거나 기상악화를 틈타 싹쓸이를 감행한다. 이들은 처음부터 삼지창을 빼닮은 쇠창살을 설치해놓고 등선을 방해한다. 적발되면 도끼, 낫, 쇠파이프를 휘두르며 저항한다. 또 여러 배가 조업을 하다가 적발되면 도주하기보다는 집단적으로 달려들어 폭력을 행사한다.

쇠창살 등 등선 방해물을 설치하고, 흉기를 이용하여 폭력 저항하는 불법 중국어선. 〈이미지=해양경찰청〉

저항이 지능화·폭력화되면서 심각한 사고가 발생하기도 했다. 2011년 12월 소청도 인근에서 故 이청호 경사가 격렬한 몸싸움 끝에 선장이 휘두른 흉기에 찔려 숨졌다. 2016년 10월에는 중국어선 여러 척이 단속 중인 단정을 고의로 들이받아 침몰시키는 사건도 있었다.

조업이 허가되는 태안~제주에 이르는 서해 EEZ(배타적 경제수역)[2]도 불법 조업은 성행한다. 야음을 틈타 경계선을 들어와 고기를 잡다가 단속이 시작되면 외해로 도주하는 숨바꼭질 조업을 한다. 여기서도 흉기를 휘둘러 등선을 방해하거나 선박을

2. EEZ
(배타적 경제수역)
자국의 영해기선으로부터 200해리 범위 안에 들어가는 바다를 말하며 이수역 안의 어업 및 광물 자원에 대한 모든 경제적 권리를 가진다.

여러 척 묶어서 집단으로 행동하는 연환계를 쓴다. 또 선박에 대나무나 쇠창살을 설치하여 철갑선 형태로 운항하기도 한다. 우리 바다를 수호하는 바다의 현장은 전쟁터를 방불케 한다.

조선 시대에도 우리 바다에 침범했던 불법 중국어선

그런데 근간의 문제로만 알고 있던 중국어선이 조신 시내에노 우리 바다를 활개 치며 해산물을 잡아갔다면 믿을 수 있겠는가? 시계를 되돌려 500년 전 바다 사정을 살펴보자.

조선 중기에도 서해안 일대를 침범해 어족자원을 싹쓸이하는 중국어선이 있었으니, 이 배를 황당선(荒唐船)이라 불렀다. 이때의 황당은 '황당하다' 할 때의 황당과 같은 의미이다. 지금은 '말이나 행동 따위가 참되지 않고 터무니없다'라는 뜻으로 쓰이지만, 옛날에는 정체를 알 수 없는 것을 황당하다고 하였다. 그래서 국적 불명의 배를 황당선이라 하였고, 국적 불명의 외국인을 황당인이라 불렀다.

1800년대 황당선 상상화. 〈영국 국립해양박물관〉

황당선은 중종 35년(1540) 최초로 출현했다는 기록이 있다. "황해도 풍천부에 황당선 1척이 바람이 심해 정박하였는데, 붙잡아 조사하니 4명의 의복 중에는 중국 것도 섞여 있어…… 필시 중국 사람들일 것이다."(중종실록 중에서)

황당선의 선원은 주로 중국인이 었으나, 일본인이 섞여 있는 경우

도 있었다. 처음에는 조선 정부도 이들에게 온건
하게 대했다. 상국인 명나라를 인식했기 때문이
다. 또 국경 관리가 해안 방비 위주여서 바다에
나가 황당선을 잡아들일 만한 여력이 없기도 했
다. 이들은 은밀히 출항하여 불법어로를 하거나
사무역을 하는 자들이어서 대부분 육로 송환을
극구 거부하였다. 이렇게 황당선을 잡아도 중국
과의 외교관계 때문에 뒤처리가 복잡하였다. 그
래서 사건을 무마하거나 미봉하는데 그치는 경우
가 많았다.

조선 후기 백령진도.

명·청 교체기를 지나도 황당선은 없어지지 않았다. 그러다가 숙종 27년(1701) 이
후 황당선의 출몰이 잦아졌다. 청조는 명조 회복을 꿈꾸며 바다에서 활동하는 세력
을 방지하기 위해, 1656년 해금령(海禁令)[3]을, 1661년 천계령(遷界令)[4]을 내렸다. 그
러다가 이 세력이 소탕되자 개방정책을 펼쳤다. 1684년 반포한 전개령(展界令)[5]은
해금을 풀어주는 내용이었으니, 민간인 무역을 허락한 것이었다. 이를 계기로 중국
동남 해안에 출몰하던 해적이나 불법 선박이 활개를 치기 시작했다.

이에 조정에서는 서해안 일대의 수령들에게 황당선을 발견하는 대로 나포하도록
하였지만, 빈약한 수군 병력으로는 쉽지 않은 일이었다. 황당선은 수십 척씩 떼 지
어 다니면서 조선 수군이 가까이 다가가도 두려워하지 않았다.

황당선은 국적이 불분명한 경우도 있었지만 대부분 중국 배였다. 이들의 목적은
지금과 마찬가지로 조선 근해의 풍부한 해산물을 잡는 것이었다. 이들은 선단을 구

3. 해금령
해금령은 백성들이
바다에 나가는 것
을 금지하는 것을
말한다.

4. 천계령
천계령은 백성들을
바닷가로부터 30
리 내륙으로 강제
이주시키는 것을
말한다.

5. 전개령
전개령은 해금령을
풀어주는 것을 말
한다.

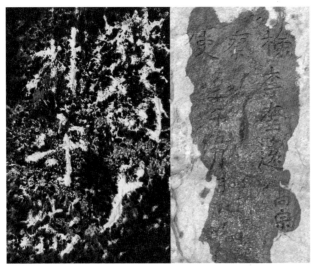
수토사들의 이름을 새긴 각석문.

성할 정도로 10여 척씩 몰려다녔다. 배한 척에 70~80명 정도 승선하였다. 때로는 백령도, 대청도 등 섬에까지 상륙하여 노략질을 자행하기도 하였다.

서해 5도에 주로 나타났던 황당선

대표적인 사건이 영조 30년(1754)에 발생했던 백령도 황당선 사건이다. 황해 수군 책임자였던 신사언은 황당선으로부터 백령도에 내린 중국인 18명을 잡아 육로를 통해 중국에 보내려고 했다. 그러자 인근 10척의 배에 있던 중국인 500~600명이 떼를 지어 몰려와 겁박하였다.

그들은 백령도를 포위하고 잡아간 18명을 달라고 했다. 이에 7명을 보내자, 중국인들이 나머지 11명을 빼앗고, 조선의 수군도 한 사람도 잡아갔다. 후에 영조는 몸소 황당선에 대처하지 못한 신사언을 심문하여 처벌했다. 요즘 중국어선이 연환계를 사용하며 떼 지어 무력시위를 하는 것과 동일한 방법이었다.

조정에서 황당선 처리에 대해 지방관에게 죄를 묻자 출몰 사실을 아예 보고조차하지 않는 경우도 생겨났다. 숙종 8년(1682) 때 일이었다. 황당선 십여 척이 황해도 앞바다 초도라는 섬에 정박하고 며칠간 머물렀다. 하지만 이 일대의 방비를 담당한 첨사 장후량은 보고조차 하지 않았다. 그는 부하들의 입을 단속하여 황당선이 다녀갔다는 사실을 은폐하였다. 나중에 이 사실을 알게 된 숙종은 장후량을 추궁하고 군법을 적용하여 사형에 처했다.

하지만 황당선에 대해 조선이 손을 놓고 있지만은 않았다. 영조 12년(1736) 수군만으로 황당선에 대처하기 어려웠던 황해도 수사 이한필이 장계를 올렸다. 이를 수용하여 황해도 해주, 강령, 장연, 옹진, 풍천 등 다섯 고을에 추포무사(追捕武士)를 설치하였다.

이들은 황당선을 전문적으로 추포(체포)하는 무사와 추포군이었다. 총 690명이었으며 매달 각 230인씩 3개 조로 교대 근무하였다. 또 60~70명의 추포무사를 태운 추포선을 배치하였다. 이 배는 기동성이 뛰어났는데, 황당선의 약탈 행위를 막거나 이국 선박이 연안에 접근하는 것 자체를 봉쇄하기도 하였다. 오늘날 서해 5도에서 중국어선을 단속하는 해양경찰과 거의 동일한 조직이었다.

수토제(搜討制)도 확립하였다. 수토란 조정에서 섬에 관리를 파견하여 그 형편을 조사하고 잠입한 백성이나 황당선이 있는지 수색하여 토벌하는 것이었다. 동해는 지방관이, 서해에는 부사, 병사 등 정규 수군이 임무를 수행하였다. 때로 수토감관 등 임시직책을 두는 경우도 있었다.

수토와 관련하여 조선이 중국에 속한 섬에 사람을 보내 수토를 행한 특이한 기록이 있다. 연산군 6년(1500)에 있었던 해랑도(海浪島) 수토사건이다. 해랑도는 지금의 중국 뤼순반도 다롄시 앞바다인 해양도(海洋島)로 추정된다. 해랑도에는 부역을 피해 숨어 들어간 조선인이 중국인과 섞여 살고 있었다. 이들은 섬에 숨어 살면서 불법 행위나 해적질을 일삼아 크게 문제가 되었다.

해랑도 조선인을 수토하려는 계획은 성종조부터 있었으나 한동안 중국 정부의 답변이 없었다. 그러다가 1500년 4월 중국의 칙서가 왔는데 조선의 수토를 허락하는 내용이었다. 이에 그해 6월 조선은 무사를 보내 해랑도를 수토하여 조선인을 강제 송환하였다. 외국 영토에까지 가서 자국인을 송환한 특이한 사건이었다.

바다를 둘러싸고 벌어지는 이웃 나라 간 갈등은 예나 지금이나 변하지 않았다. 오늘도 서해에서 벌어지는 불법 중국어선과 전쟁은 계속되고 있다. 그리고 이에 대처하는 단호함은 고금과 지위고하를 가리지 않는다.

500년 전 영조는 백령도 황당선 사건을 보고받고 이렇게 말했다고 한다. "중국 배가 많기는 하지만 짧은 병기조차 없고, 백령진이 약하기는 하지만 군사와 무기가 있다. 중국인들을 뜻대로 죽일 수는 없더라도 어찌 막을 수 없겠는가? …"(영조실록 중에서)

이러한 영조의 진노는 중국어선 단속 중에 흉기에 찔려 쓰러진 故 이청호 경사의 외침과 다르지 않으리라. "저 수평선을 넘어오는 외국 어선을 보면 피가 끓습니다. 이 바다가 누구의 바다인데……."(인천 해경 함정부두 故 이청호 경사 흉상 글귀 중에서)

26
신유박해가 낳은 두 명의 물고기 박사, 정약전과 김려

다신교를 믿었던 로마는 초기 기독교를 박해했다. 그래서 기독교인은 지하 묘지인 카타콤(Catacomb)에 숨어 지냈다. 이곳에서 비밀스러운 예배를 드릴 때면 물고기 그림을 암호로 사용하여 미로를 찾아 들어갔다. 또 물고기 모양의 조각품을 지니고 다니며 기독교인을 상징하는 은밀한 표시로 사용하였다.

오늘날에도 물고기 그림 안에 'ΙΧΘΥΣ'라고 쓰여진 문양을 흔히 볼 수 있다. 자동차 범퍼나 열쇠고리, 목걸이 등에 사용된다. 이것은 '익투스'라 발음하는데 물고기를 뜻하는 그리스어이다. 이 단어는 다음과 같은 의미를 지닌 그리스어 앞글자를 딴 것이다(I : Jesus, X : Christ, Θ : God's, Y : Son, Σ : Savior). 이를 해석하면 '예수 그리스도, 신의 아들, 구세주'라는 의미가 완성된다. 이처럼 익투스

익투스 문양. 〈이미지=123RF〉

라는 단어는 물고기를 뜻하지만, 예수님을 뜻하기도 하였다.

동쪽 끝 조선에도 로마와 유사한 기독교 박해의 역사가 있었다. 이때에도 기독교
와 물고기에 얽힌 이야기가 있었으니, 우연치고는 공교롭다. 때는 조선 말 1801년.
기독교에 대해서 온화한 정책을 써 오던 정조가 죽고 순조가 11세로 왕위에 올랐다.
이후 벽파는 기독교에 대한 박해를 시작하였다. 숨겨진 이유는 벽파와 대립하고 있
던 남인을 숙청하는 것이었다. 남인 중에서 기독교 신앙을 가진 이들이 많았기 때문
이다. 이승훈, 정약종 등이 사형당했고, 정약전·약용 등은 귀양길에 올랐다. 신유박
해[1]였다.

신유박해에 연루되어 유배를 떠난 두 학자

신유박해로 남쪽으로 유배를 떠났던 두 사람이 있었다. 한 명은 영남지방인 진해
로, 다른 한 명은 호남지방인 흑산도로 갔다. 이렇게 떠난 두 사람은 각자의 유배지
인 바닷가 어촌에 정착했다. 한양에서 양반 관료로 살아왔던 그들에게 바다는 생소
한 곳이었다.

자산어보(좌)와 우해이어보(우).

하지만 그들은 바닷가 사람들과 흉금 없
이 어울리며 짠내와 파도를 가까이하였다.
그렇게 바다에 매료된 두 사람은 급기야 물
고기를 연구하였고, 불후의 물고기 백과사
전을 각각 완성하였다.

남해의 매력에 빠진 김려는 진해 앞바다
물고기를 연구하여 1803년 우리나라 최초의
물고기 연구서 《우해이어보(牛海異魚譜)》를

지었다. 흑산도 유배 갔던 정약전은 흑산 바다의 물고기를 연구하여 1814년 《자산어보(玆山魚譜)》를 남겼다.

두 문헌은 우리나라 대표적 어장인 두 해역의 어류를 관찰하여 종류별로 정리한 물고기 족보이다. 어류의 명칭, 형태, 습성, 맛 등을 기록한 물고기 백과사전이라는 면에서 유사하다. 《자산어보》 내용은 실학자였던 정약전 특유의 세밀한 관찰력을 바탕으로 과학적이고 객관적인 기록에 충실했다. 이에 반해 문학자였던 김려의 《우해이어보》는 수산물에 대한 관찰 기록과 함께 이와 관련된 진해지방의 풍습이나 생활상도 멋진 필체로 그려냈다.

김려, 진해 바다의 물고기를 기록하고 노래하다

먼저 김려의 삶과 《우해이어보》의 내용을 살펴보자. 김려는 1797년 서학(西學)과 관련하여 유배되었다. 유배지에서 그는 가난한 농어민과 친밀하게 지내면서 서민에 대한 이해와 애정을 갖게 되었고, 이것이 이후 문학에 큰 영향을 미쳤다. 그러다 1801년 신유사옥으로 진해로 유배지를 옮겼다.

이곳에서 어부들과 바다에 나가 물고기의 종류를 세밀히 조사하여 기록한 《우해이어보》를 지었다. 이 책은 '牛海(진해지역 바다)'의 '異魚(특이한 물고기)'에 관한 기록이다. 일반적으로 잘 알려진 수산물을 제외하고 어류 53항목, 갑각류 8항목, 패류 11항목 등 72항목이 수록되어 있다. 책 서문을 보면 바다에 대한 그의 애정과 서민적 삶을 엿볼 수 있다.

"뱃사람과 어부들과 허물없이 지내면서 물고기와 조개들과도 서로 좋아하게 되었다. 세를 빌려 사는 주인집에 작은 배 한 척과 겨우 몇 글자밖에 모르는 열한두 살된 어린아이가 있었다. 매일 아침마다 대바구니와 낚싯대를 들고 어린아이에게 차 끓이는 도구를 준비하게 해서 노를 저어 바다로 나갔다. … 중략 … 기이하고 괴상한 물고기가 수를 헤아릴 수 없이 많아서 비로소 바닷속에 들어있는 것들이 육지 생물 보다 많음을 알게 되었다."

- 《우해이어보》 중에서 -

또한 《우해이어보》에는 물고기에 괸한 관찰 기록뿐만 아니라, 물고기를 소재로 한 시 39수가 있다. 이것이 우산(진해) 지방의 잡스러운 노래인 《우산잡곡(牛山雜曲)》 이다. 그 속에는 어로의 현장, 어촌의 풍광, 수산물 유통과정, 남도 여인들의 삶의 모습이 생동감 있게 그려져 있다. 여기서 시인으로서 예민한 감수성과 흥취를 엿볼 수 있다. 문헌 속에 등장하는 내용을 몇 군데 소개해 보자.

흔히 우럭으로 알려진 보라어에 대한 묘사가 있다.

"보라어(볼락)는 호서지방에서 나오는 황석어와 비슷한데 색이 자주색이다. 방언

'우해이어보' 본문(좌)과 김려가 유배되었던 '우해(진해)' 지역 전경(우). 〈이미지=연세대학교 도서관, 창원시청〉

에 엷은 자주색을 보라(甫羅)라 하는데 이는 아름다운 비단이라는 뜻이다. 이곳 사람들은 보라어를 보락이나 볼락어라고 부른다. 보라는 여기서 유래되었다. 해마다 거제도 사람들이 보라어를 잡아 젓갈을 담아 배로 수백 항아리씩 싣고 와서 포구에서 판다. 밥상에 올려놓으면 윤기가 나고 색깔이 더욱 좋다."

'우해이어보'에 소개된 어종들 사진. 〈이미지=국립수산과학원〉

저물어 가는 진해 바닷가에서 볼락을 소재로 지은 ≪우산별곡≫은 흥취가 묻어난다.

"달 지고 까마귀 울어 바다는 저무는데 / 저녁 밀물 밀려들어 사립문 때리누나 / 아마도 볼락 실은 배 도착했는지 / 거제도 사공들 물가에서 떠들어대네"

복어에 대한 기록은 무척 흥미롭다. 복어를 보고 지은 시는 위협을 느끼면 몸을 공처럼 부풀리고, 가시를 일으켜 세워 공격적인 태도를 취하는 복어의 모습을 잘 표현하고 있다.

"이놈은 성질이 매우 사납고 표독스럽다. 잡혀 나오면 노하여 배가 부풀어 오르고 입으로 늙은 개구리가 울부짖는 소리를 낸다. 배를 돌로 눌러 배 위에 올려놓고 문지르면 더욱 화가 나 배가 거위 알처럼 부풀어 오른다. 최고로 부풀어 올랐을 때 돌로 세게 때리면 땅이 무너지는 것 같은 벽력 소리가 난다."

복어를 해변에서 두들겨 잡는 어부들 모습을 보고 지은 시는 그 모습이 눈앞에 보는 듯 생생하다.

"안개와 구름 걷힌 맑은 바다 아침 해 밝아 / 한가히 아슬아슬 수문을 찾아갔다가 / 곧장 해변으로 갔더니 벽력같은 울음소리 / 어부들이 자주복 두들겨 잡는 소리"

가래상어인 한사어에 대한 기록에는 적조 현상도 등장한다. 여기서 등장하는 '포수'는 지금의 적조를 일컫는다. 당시에도 초가을 적조 현상이 흔했던 모양이다.

"가을이 깊어갈 때 바닷속이 갑자기 홍색, 자주색, 청색, 흑색의 물들이 생기는데, 이 물이 넓게 펼쳐져서 해변에까지 이르게 된다. 이것이 포수(胞水)이다. 고기들이 이 물을 먹으면 죽게 되고, 죽지 않은 것도 기운이 빠진다. 그러나 며칠이 지나면 사라진다."

사나운 상어 종류인 한사어가 적조를 피해 육지로 뛰어오르고 이를 잡는 장면을 멋진 시로도 표현하고 있다.

"가을이 돌아와 포수가 구름처럼 깔리면 / 바로 한사어 해안으로 올라올 때라네 / 포구의 어부들 쇠 작살 비 오듯 퍼부어 대니 / 세 가닥 등지느러미도 부러지고 피가 줄줄"

전갱이로 추정되는 물고기인 원앙어를 묘사한 장면도 특이하다. 원앙새가 금슬이 유난한 것처럼 바다에도 원앙새를 닮은 물고기가 있었던 모양이다. 이 물고기는 물에서 잡혀 나올 때도 함께 나왔다고 한다.

"금 비늘, 붉은 아가미에 꼬리가 길고 중간이 짧아 제비와 같다. 원앙은 암수가 반드시 따라다닌다. 수컷이 가면 암컷이 수컷의 꼬리를 물고 죽어도 떨어지지 않는다. 이곳 사람들이 말하기를, "원앙어를 잡아 눈깔을 빼내어 말려 남자는 암컷의 눈깔을 차고 여자는 수컷의 눈깔을 차면 부부가 서로 사랑하게 된다."라고 한다."

들뜬 미소를 머금고 은밀히 원앙어를 사는 젊은 부인의 모습을 시로 표현하고 있다.

"포구의 젊은 여인 연분홍 화장하고 / 흰 모시 적삼에 옥색 모시 치마 입었네 / 비녀 들고 새빨리 고깃배로 달려가더니 / 제일 먼저 비녀 팔아 원앙어 사 오네"

고지라고 하는 문어 유사 종에 대한 표현은 희화적이다.

"고지는 다리가 24개 달린 고기인데, 앞으로 가면 문어와 같고, 앉아 있으면 게와 같고, 일어서면 늙은 중과 같은 형상이다. 이 고기는 닭이 밝으면 물속에서 나와 바닷가를 배회하는데 흡사 중과 같다."

깊은 밤 외로운 처녀가 고지를 중으로 잘못 알고 사립문을 열어주는 장면은 풍류와 멋의 극치라 할 만하다.

"고요한 밤 깊은 계곡 달빛이 고운데 / 문어들 그림자 이끼 낀 물가에 어지럽다 / 어촌 계집 정분난 땡중이 온 줄 알고 / 바쁘게 빈 침상에서 내려와 사립문 열어주네"

《우해이어보》는 물고기에 대한 관찰 외에도 어획법, 조리방법, 독성 등에 관하여도 자세히 밝혀놓고 있다. 예컨대, 당시 죽방렴 어업이 유행하고 있었다든가, 감성돔으로 식해 만드는 방법 등을 기록하고 있다. 또 복어의 독에 대해서 상세하기 기술하는가 하면, 망둥어를 불면중 치료제로 권하고 있다.

정약전, 흑산의 물고기를 관찰하고 기록하다

이제 정약전의 삶과 물고기 연구에 대해 살펴보자. 정약전·약용 형제는 북한강과 남한강이 만나는 남양주 양수리(두물머리)에서 태어나 어릴 적부터 물고기를 잡으며

조선시대 죽방렴 어업을 그린 김홍도의 단원풍속도첩 중 '고기잡이'
〈국립중앙박물관〉

놀았다. 형제는 1801년 신유박해 때 흑산도와 강진으로 각각 유배되었다. 정약전은 흑산도와 우이도를 오가며 유배 생활을 했고, 1816년에 우이도에서 생을 마감하였다.

정약전은 유배 생활 동안 흑산도 물고기를 연구하여 《자산어보》를 지었다. 이 기록은 자산(玆山, 흑산도) 지역의 어보인데, 어류 40, 조개류 12, 잡류 4 등 56항목이 수록되어 있다. 어류는 인류와 무린류[2]로 나누었고, 연관 종까지 수록하여 방대한 종을 기록하였다.

그런데 《자산어보》는 정약전의 노력만으로 완성된 것이 아니었다. 여기에는 다른 조력자가 있었다. 그중 한 명이 흑산도 섬 소년 장창대였다. 창대는 흑산도 물고기 종류와 속성에 대해 상세히 알고 있는 어부였다. 정약전은 도움을 준 창대에 대한 고마움을 잊지 않고 그에 관한 기록을 남겼다.

2 인류와 무린류
인류는 비늘이 있는 어류, 무린류는 비늘이 없는 어류를 말한다.

"나는 섬사람들을 널리 만나 보았다. 그 목적은 어보를 만들고 싶어서였다. 그러나 사람마다 그 말이 다르므로 어느 말을 믿어야 할지 알 수 없었다. 섬 안에 장덕순, 즉 창대라는 소년이 있었다. 성격이 조용하고 정밀하여 대체로 초목과 물고기와 물새 가운데 들리는 것과 보이는 것을 모두 세밀하게 관찰하고 깊이 생각하여 그 성질을 이해하고 있었다. 나는 소년과 함께 묵으면서 물고기 연구를 했다."

– 《자산어보》 중에서 –

다른 한 명은 정약용의 제자였던 이청이었다. 정약전이 죽은 후 《자산어보》는 섬집의 벽시로 사용되고 있었다고 한다. 유배에서 풀린 정약용이 이를 수거하여 제자인 이정에게 필사케 하고, 중국 문헌을 고증해 방대한 주석을 달게 하였다. 그래서 《자산어보》 내용에는 '청안'이라는 글귀가 나오는데, 그 뒤에 따라오는 내용은 이청이 기록한 것이다. 즉, 지금 우리가 접하는 《자산어보》는 정약전과 이청의 공동 저작인 셈이다. 몇 부분을 소개해 보려 한다.

《자산어보》의 첫 장은 대면어가 장식하고 있다. 대면은 돗돔인데, 강태공들에게 전설로 통하는 거대한 심해어이다. 길이 2m에 300kg까지 자란다. 수백 미터 수중 암초에 서식한다. 괴력의 돗돔에 관한 기록을 보자.

"형상은 민어와 유사하나 색은 황흑이다. 맛은 민어보다 농후하다. 큰 놈은 길이가 열 자(1자는 30cm) 남짓이다. 6~7월에 낚시를 드리우면 이를 상어가 삼키고, 발버둥 치는 상어를 대면어가 삼킨다. 상어의 뾰족한 지느러미 뼈가 대면어 창자를 찌르면 이를 뺄 수 없다. 어부가 낚시를 올릴 때는 힘으로 대면어를 제어할 수 없다."

오적어는 갑오징어를 이른다. 오징어의 다리에 붙은 빨판을 국화꽃에 비유한 것이 시적이다. 또 오적어로 명명하게 된 유래도 흥미롭다.

"몸통은 타원형이고 머리는 작고 둥글며 머리 아래 목이 있다. 목 위에 눈이 있고 머리 끝에 입이 있다. 입 둘레에는 다리가 8개 있는데, 낚싯줄처럼 가늘다. 다리에는 말발굽처럼 생긴 국화꽃이 있으니 이는 다른 것에 달라붙기 위한 것이다. 주머니에는 먹물을 담고 있는데 오적어 먹물로 글씨를 쓰면 색이 번들거려 윤기가 난다. 오적어라 이름 붙인 이유는 까마귀를 좋아하기 때문이다. 오적어가 물 위로 뜨면 날던 까마귀가 죽었다고 여겨 오적어를 부리로 쫀다. 이때 오적어는 까마귀를 말아 잡고서 물에 들어가 먹는다."

분어는 홍어를 말한다. 흑산도 하면 먼저 떠오르는 고기가 홍어이다. 코가 얼얼하도록 삭힌 홍어 삼합에는 막걸리가 어울린다. 다음날 애주가의 아침 해장으로는 예나 지금이나 홍어 애탕이 제격이다.

"몸통은 연잎과 비슷하다. 코는 등 위에 있지만 입은 가슴과 배 사이에 바닥에 있다. 꼬리는 돼지 꼬리 같은데 꼬리의 등마루에 가시가 불규칙적으로 나 있다. 수컷은 음경이 둘 있는데, 음경은 뼈이고 그 형상은 굽은 칼과 같다. 회·국·어포로 좋다. 나주 사람들은 삭힌 홍어를 즐긴나. 상에 숙환이 있는 사람이 삭힌 홍어를 가져다 국을 끓여 먹으면 뱃속의 더러운 것을 몰아낼 수 있다. 또 술기운을 가장 잘 안정시킬 수 있다."

그 밖에도 《자산어보》에는 물고기를 묘사한 재미있는 표현이 많다. 애초에 정약전은 물고기를 글로 묘사하고 그림도 함께 그려 넣어 생생하게 표현하려 하였다. 하지만 동생 정약용이 이를 만류하는 바람에, 글로써 눈앞에서 물고기를 보는 듯 사실적으로 기록하였다. 짱뚱어의 튀어나온 눈 모양을 철목어(凸目魚)로 이름 지었다거나 불가사리의 별 모양 다리를 보고 단풍잎에 비유하여 풍엽어(楓葉魚)로 부른 것이 그 예이다. 또한 아귀가 낚싯대 모양의 미끼를 드리우다가 다른 물고기가 다가오면 미끼를 입 쪽으로 당겨 덥석 잡아먹는 장면을 눈으로 보는 듯 묘사하였다.

말미잘에 대한 표현은 다소 징그럽다. 서양에서는 물결을 따라 하늘거리는 말미잘 촉수가 마치 꽃처럼 보여 '바다의 아네모네(sea anemone)'라 부른다. 반면 정약전은 말미잘을 설사한 사람의 탈장된 창자로 묘사하면서

돗돔

홍 어

아 귀

갑오징어

짱뚱어

'자산어보'에 소개된 어종들 사진. 〈이미지=국립수산과학원〉

당신만 몰랐던 매혹적인 바다이야기 27 | 알고 보면 신기하고 재미있는 Sea Story

미주알(未周軋)이라고 이름 붙였다. 미주알의 사전적 의미는 '항문을 이루는 창자의 끝부분'이다. 그래서 미주알고주알 따진다는 것은 창자 끝까지 속속들이 살펴본다는 의미다.

지금까지 소개한 《자산어보》와 《우해이어보》는 물고기 생태와 쓰임에 대해 쌍벽을 이루는 역작이다. 두 작품은 서로 연관성 없이 별개로 만들어졌다. 김려가 감성적이고 서정적인 개성을 가졌고, 정약전이 과학적이고 실증적인 품성을 지닌 것처럼 책도 그들을 그대로 닮아있다.

그렇지만 둘이 기독교 신앙을 믿지 않았거나 신유년 박해사건이 발생하지 않았다면, 아마도 이 기록들은 세상의 빛을 보지 못했을 것이다. 그렇다면 정약전과 김려는 그들이 그토록 애정을 가지고 관찰하고 연구했던 물고기가 예수님을 상징하는 은밀한 표시라는 것을 알고 있었을까?

27

바다를 향해 열어두었던
비밀의 창, 데지마

몽골 침입이 일본에 남긴 트라우마

페리 함대 서스케해나호

에도시대였던 1853년 6월 3일 오후. 에도만 입구 우라가 앞바다에 4척의 낯선 배가 나타났다. 그중 2척은 굴뚝에서 검은 연기를 내뿜는 증기선이었다. 배는 언제라도 발포할 수 있도록 전투태세를 갖추고 에도만으로 들어섰다. 닻을 내리자마자 우라가 봉행소 경비선이 다가왔다. 그리고 양쪽 배에서 사람이 나와 네덜란드어로 대화를 시작하였다.

이 장면이 일본이 반강제로 개항당하는 순간이었다. 겉을 검게 칠한 큰 배를 일본은 흑선(黑船)[1]이라 불렀다. 배는 미국에서 온 2,000톤급 서스케해나호였고, 함대 대장은 페리(Perry) 제독이었다. 페리는 유일한 개항장이었던 나가사키로 돌아가라는 일본 측 요구를 거부한 채, 막부의 심장부 에도만을 측량하는 등 위협을 가하였다. 결국 미국 대통령 친서를 막부에게 전달하는데 성공하였다. 개국이 이루어진 것이었다.

우리는 흔히 도쿠가와 막부가 쇄국정책으로 일관해 온 것으로 알고 있다. 그러다가 페리에게 강제로 개항을 당하였고, 그때부터 외국 문물을 억지로 받아들인 것으로 알고 있다. 표면적으로만 본다면 그랬다. 그렇지만 흑선 사건과 강화도 조약과의 시간 차는 23년에 불과했다. 이날 일본이 무방비 상태에서 개국을 당했다면 이 짧은 기간에 조선을 침략할 수 있었겠는가?

사실 도쿠가와 막부는 페리 함대 방문을 미리 알고 있었다. 페리 함대 방문 사실, 방문 시기, 심지어 끌고 오는 함선 이름까지도 이미 알고 있었다. 그래서 막부 직할지이던 우라가 봉행소에 통역사까지 배치하여 사전준비를 하고 있었다. 그렇다면 당시 200년 넘게 쇄국정책을 쓰고 있던 막부 정권에게 어떻게 이것이 가능했을까?

이를 알기 위해서는 몽골의 일본 침입을 기억할 필요가 있다. 몽골은 1274년, 1281년 2회에 걸쳐 일본을 침입하였다. 섬나라 일본 역사에서 외부로부터 침입은 최초였다. 두 번 모두 카미가제(神風)[2] 덕분에 물리쳤지만, 열도에 외부세력이 침입했다는 사실 자체가 일본인 머릿속에 깊은 트라우마를 남겼다. 그리고 "항상 바깥세상을 경계하고 상황을 파악하여, 그에 따라 능동적으로 대처하라"는 교훈을 뇌리에 새겨놓았다. 이때부터 일본은 비록 울타리를 치더라도, 바깥세상을 항상 주시하는 습성이 생겼다.

1. 흑선
1853년 일본 문호 개방을 위해 온 페리 제독이 이끌던 미국 동인도함대의 함선으로서, 미국 함선의 선체가 검은색이었기에 일본에서는 흑선이라 불렀다.

2. 카미가제
"신이 일으킨 바람"이란 뜻으로 13세기 원나라가 일본을 침공했을 때, 원나라 배를 전복 시킨 폭풍우를 말한다.

일본에서 흑선을 묘사한 그림.

대문은 닫았지만, 비밀의 창은 열어놓다

흑선이 출현하기 약 200년 전인 1639년. 도쿠가와 막부는 포르투갈선에 대한 입항 금지 명령을 내리면서 쇄국을 시작하였다. 종교적 색채가 없던 네덜란드에게만 무역을 허락했는데, 그 대신 두 가지 의무를 부과하였다. 하나는 상관장이 매년 에도를 방문하여 쇼군에게 경의를 표하는 것이었고, 다른 하나는《풍설서》를 정기적으로 만들어 제출하는 의무였다.

《풍설서》란 유럽, 동아시아, 동남아시아 등 정세를 담은 일종의 해외 정보보고서였는데, 나가사키로 입항하는 배는 모두 제출해야 했다. 풍설서는 두 군데로부터 제

출발았는데, 네덜란드 상관으로부터 받는 것을《네덜란드 풍설서》라 했고, 중국 상인으로부터 받는 것은《당선 풍설서》라 하였다. 해외에서 일본에 영향을 미치는 변화가 있을 때는 막부가 더 자세한 내용을 보고토록 요구하기도 하였다. 또 막부가 특히 관심을 가지는 사안에 대해서《별단 풍설서》라는 특별 보고서를 제출하도록 명령했다.

막부는 이를 통해서 페리의 흑선이 일본에 올 것을 미리 알고 있었다. 이처럼 막부는 개국 훨씬 이전부터 해외 정세를 파악하고 있었고, 대응을 고민하고 있었다. 이뿐만이 아니었다. 막부가 기본적으로 쇄국정책을 펼치면서도 외국 문물과 국제 정세에 익숙할 수 있었던 데는 다른 요인도 있었다.

일본이 서양인과 최초로 접촉했던 것은 16세기였다. 1543년 포르투갈 상인이 표류하여 조총을 전래하였고, 1549년 선교사 하비에르가 일본에 최초로 기독교를 전

네덜란드 상선이 나가사키 데지마에 입항하는 모습을 그린 그림. 〈가와하라 케이가, 1800년대〉

파하였다. 이때만 해도 전국시대 혼란기였던 일본은 외부에 개방적인 분위기였다. 막강한 중앙 정부가 없어, 지방 세력들이 포르투갈, 영국, 네덜란드 등 유럽 국가들과 개별적으로 교역을 하였다. 뒤에 서술하겠지만, 이때 다양한 서양 문물과 문화가 유입되었다.

그러다가 17세기 들자 국제정세가 돌변했다. 일본은 도쿠가와 막부가 전국 지배권을 확립했고, 청나라도 중국 내 지배권을 확립하였다. 조선은 오래전부터 사대교린과 쇄국정책을 고수하고 있었다. 이제 동아시아에서 자유롭고 개방적 분위기는 사라지고, 국가가 관리하는 시대로 바뀌었다.

그렇다고 도쿠가와 막부가 처음부터 배타적이지는 않았다. 1603년 도쿠가와 막부가 정권을 잡았을 때, 네덜란드, 영국에 친서를 보냈고, 양국은 1613년까지 히라도에 상관을 설립했었다. 그러다가 1637년에 일어난 시마바라의 난은 막부가 쇄국으로 돌아서게 된 직접적 계기가 되었다.

나가사키 시마바라 지역은 포르투갈과 교역이 활발해 기독교 신자가 많았으며, 지역 영주도 기독교 신자였다. 그러던 중에 백성에 대한 수탈과 종교 박해에 불만을 품은 주민들이 대규모 반란을 일으켰다. 이를 계기로 막부는 기독교를 정권에 대항하는 세력으로 규정하였고, 포교 활동을 할 수 없도록 하였다.

1639년 포르투갈이 추방되었으며, 막부는 쇄국정책으로 돌아섰다. 해외 통교 금지, 기독교 금지, 무역 관리 등 국가 관리체제를 강화하였다. 포르투갈이 떠난 자리는 네덜란드가 차지했다. 네덜란드는 상호이익을 위한 교역 외에 포교를 일절 하지 않겠다고 약속했다.

바다를 향해 열어두었던 창, 데지마

그렇다고 막부가 외부로의 창을 완전히 닫은 것은 아니었다. 외국과 무역을 위해 열어 두었던 비밀의 창이 있었다. 바다를 향해 열어 두었던 창은 항구도시 네 곳이었다. 류큐(오키나와), 홋카이도, 조선, 중국 및 네덜란드와 교역을 위해서 사쓰마(薩摩), 마쓰마에(松前), 쓰시마(対馬), 나가사키(長崎)[3]를 각각 열어두었다.

그중에서 나가사키는 유일한 정권 직할의 무역항이었다. 나가사키에는 바다 위에 세워진 인공섬 데지마(出島)가 있었다. 원래 데지마는 외국 상인을 한 장소에 격리시켜 기독교 전파를 막고, 무역을 장악하려는 목적으로 만들었다. 1636년 완공되어 추방당하기까지 포르투갈 상인이 사용했고, 이후 네덜란드 상인이 옮겨왔다.

3. 사쓰마(薩摩), 마쓰마에(松前), 쓰시마(対馬), 나가사키(長崎)
사쓰마는 류큐국(오키나와)과 교역을 위해 규슈 가고시마 서부 항구 도시, 마쓰마에는 홋카이도와 교역을 위해 홋카이도 남부에 있던 항구 도시, 쓰시마는 조선과 교역을 위해 나가사키현에 있는 섬, 나가사키는 중국 및 네덜란드와 교역을 위해 규슈 서북부에 있는 항구 도시를 말한다.

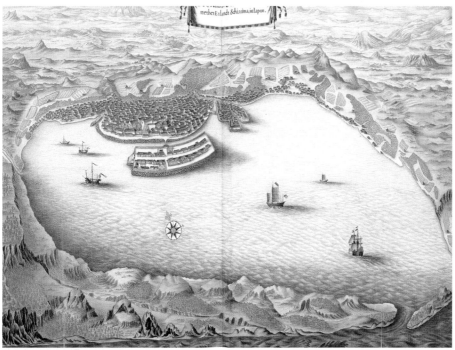

당시 서양에서 데지마를 묘사한 그림.

데지마는 돌로 바다를 메워 부채꼴 모양으로 만든 인공섬이었다. 면적은 1.3㎢ (3,969평)로서 주위를 울타리로 둘러쳐 외부와 접촉을 막은 형태였다. 출입은 북쪽에 놓여진 다리를 통해서만 가능했다. 내부 시설로 일본측 관리시설, 외국인 상관 및 주거 시설, 창고 등이 있었다.

일본측에서는 막부에서 파견한 관리 아래 무역 실무와 상관관리를 담당하는 관리가 상주하였다. 네덜란드 측에서는 상관장, 창고장, 서기, 의사, 조리사 등이 상주하였고, 대부분 선원은 정박한 배에서 지내야 했다. 이처럼 일본인 데지마 출입과 네덜란드인 외출은 엄격히 제한되었다.

데지마 출입이 엄격했지만, 일본인은 이국풍 생활과 풍습에 많은 호기심을 가지고 있었다. 1년에 한 번 네덜란드인이 데지마 관리를 초대해 양식을 대접하는 행사가 있었다. 관리는 통오리, 소시지, 카스텔라 등 메뉴에 놀랐고, 포크, 나이프, 스푼을 가지고 식사를 하는 모습에도 놀랐다. 또 원형 테이블에 여럿이 둘러앉아 식사하는 모습도 생경했다.

4. 바타비아
자카르타의 네덜란드 식민지 때의 이름을 말한다.

네덜란드 상인이 데지마에서 소를 잡아먹기도 했다. 일본은 불교 영향으로 1,200년간 육식이 금지되었는데, 이로 인해 곤란을 겪던 네덜란드인은 바타비아[4]에서 소를 싣고 와 도살하여 먹었다. 이후 서양식을 권장하면서 1868년 일본에서 육식이 해금되었다.

이처럼 데지마가 바다위에 떠 있는 섬이라 할지라도 음식, 복식, 물품 등 문화적 전파는 자연스럽게 울타리를 넘어 열도로 퍼졌다. 외국 상인 통제 목적으로 설립했던 격리 시설이 일본 근대화의 디딤돌이 될 줄은 막부도 예상치 못했을 것이다.

빵, 덴뿌라, 메리야스도 그 시절의 전래품

16세기 하비에르 신부가 일본에 도착한 이래 서양 풍습과 음식이 전래되었다. 이 시기 전래 된 서양의 물건이나 풍습은 남만병풍[6]이라는 풍속화에 잘 나타나 있다. 거기에는 목에 주름 모양 목도리를 두르고, 검은 모자와 망토를 걸친 수도사가 등장한다. 또 위는 부풀리고 아래는 폭이 좁은 바지를 입고, 발에는 긴 양말을 신고 있는 모습도 있다.

우리가 속옷을 지칭할 때 흔히 쓰는 속어 메리야스가 이때 등장했다. 사실 메리어스는 양말을 뜻하는 포르투갈어인데, 신축성 있는 옷을 나타내는 용어로 확대되어 지금도 쓰이고 있다. 발에 신던 양말이 현재는 속옷으로 변신한 것이다.

5. 남만병풍
중국에서 16세기 이후 일본에서 포르투갈인의 모습을 그린 병풍 모양으로 된 풍속화를 말한다.

"남만병풍" (출처:Google)

일본에게 전래진 서양 문물. 화투(상)와 카스텔라(하).
⟨이미지=123RF⟩

화투도 전래 되었다. 화투는 화려한 색채의 그림이 그려진 48장의 서양식 트럼프인 카르타에서 유래하였다. 서양인이 즐기던 카르타를 일본식으로 변용하였다. 즉, 계절마다 꽃을 정하여 각 네 장씩 만든 카드를 '꽃 카르타'라 불렀는데, 이것이 화투의 유래였다.

서양 음식도 전래 되었다. 1569년 프로이스 신부가 오다 노부나가에게 별사탕과 양초를 진상하고 포교를 허락받았다는 일화는 유명하다. 그때 별사탕의 일본식 이름인 콘페이토(金平糖)는 포르투갈어 콘페이토(confeito)와 발음이 같았다. 포도주와 함께 기독교 의식에 쓰이던 빵도 들어왔다. 빵 발음은 포르투갈어 'pão(팡)'을 그대로 음차하였다.

지금도 나가사키 명물로 인정받는 카스텔라가 전래된 과정은 웃음을 자아내게 한다. 16세기 스페인에 카스티야(Catilla) 지방이 있었는데, 이를 포르투갈어로 발음하면 카스텔라(Castela)가 된다. 일본인이 처음 보는 과자를 보고 "이 과자 이름이 무엇이오?"하고 물었더니, 포르투갈인이 "카스텔라 지방에서 만든 과자"라고 대답하였다. 이때 지역이름을 오인하여 오늘날까지 불리게 되었다고 한다.

일본에서 튀김을 의미하는 '덴뿌라'의 기원도 흥미롭다. 이 단어는 포르투갈어 '템포라(Tempora)'에서 기원하였는데, 육류 대신 생선을 튀겨 먹는 금요일 금식 기간을 의미했다. 금요일에 생선 튀김을 만들어 먹던 서양인을 보고 요리 이름으로 착각한 것이다. 그 외에도 신대륙이 원산인 토마토, 감자, 고구마, 옥수수, 호박 등도 이 시기 들어왔다.

지볼트 초상화. 〈가와하라 케이가, 1820년경〉

네덜란드를 통하여 얻는 서양 지식은 점차로 네덜란드 학문, 즉 난학(蘭學)이라는 학문으로 발전하였다. 앞에서 언급했듯이 데지마의 네덜란드 상관장은 매년 쇼군을 배알하러 에도를 방문하였다. 이들이 에도에 머무는 숙소를 '나가사키야(長崎屋)'라 했는데, 비교적 출입이 자유로운 이곳에 끊임없이 일본인 방문자가 찾아왔다.

또 지식층에서는 나가사키가 이국적인 지식집적소로 통용되어 지식층 사이에 나가사키로의 유학이 유행하였다. 난학을 전수한 대표적인 예는 독일 태생 의사 지볼트(Siebold)였다. 데지마 네덜란드 상관 의사로 근무했던 그는 막부 허가를 얻어 나가사키에 학교를 개설했다. 거기서 진료와 의학을 가르쳤다. 이후 다방면의 자연과학 지식을 가지고 있다는 소문이 퍼지면서 전국에서 수제자가 몰려들어 난학을 배웠다.

이처럼 데지마는 의학을 중심으로 물리학, 천문학, 군사학 등 유럽 과학기술이 유입되는 창구 역할을 하였다. 각종 이국 서적과 정보를 얻을 수 있는 장소였다. 이렇게 꽃을 피운 난학은 이후 메이지유신을 추진하는 동력이 되었다.

알다시피 우리나라와 이웃 일본과는 사이가 좋지 않다. 독도 문제, 위안부 문제, 경제 제재 이슈 등에 더하여, 최근에는 코로나 19에 따른 입국 거부사태까지 겹쳤다. 하는 짓마다 때려주고 싶도록 미운 일본이지만, 그들에게서도 배우는 지혜가 필요하다. 갑작스럽고 의도된 근대화였던 메이지 유신이 성공할 수 있었던 이유를 생각해 볼 필요가 있다. 그 바탕에는 오랫동안 바다를 향한 비밀의 창을 열고, 바깥 세상 움직임을 놓치지 않았던 일본의 태도가 있었다.

"영국과 일본은 바다가 지켜주고, 러시아는 날씨가 지켜준다"라는 말이 있다. 자기 것만을 지키면서 살 수 있는 폐쇄적 환경의 섬나라. 하지만 능동적으로 바깥 세상을 주시하고, 적극적으로 바다로 진출했던 정책이 오늘의 영국과 일본을 만들었다는 사실을 부정할 사람은 없을 것이다.

비싼 참치는 얼마나 할까?

참치는 바다의 포르쉐로 불린다. 10여 년 일생 동안 한순간도 헤엄치는 것을 멈추지 않는 데서 붙은 별명이다. 참치의 정식 명칭은 다랑어. 참다랑어, 눈다랑어, 가다랑어 등 여러 종이 있다. 최고급 횟감인 참다랑어는 길이 3m, 무게 600kg까지 자란다.

참치란 이름이 붙게 된 유래는 이렇다. 광복 직후 이승만 대통령이 수산시험장(현 국립수산과학원)에 들렀을 때 어류학자 정문기 박사에게 참다랑어를 가리키며 이름을 물었다. 갑작스러운 질문에 당황한 박사는 참다랑어의 '참'자에 갈치, 넙치 따위의 '치'자를 붙여 "참치입니다"고 대답했다 한다.

전 세계에서 포획된 횟감 참치는 대부분 일본으로 보내져 소비된다. 이렇게 참치를 즐기는 일본에서는 새해 첫 경매에서 누가 최고의 참치를 낙찰받았는지가 큰 뉴스거리다. 그래서 일본 스시업계 큰 손들은 새해에 경매되는 최고의 참치에 기꺼이 높은 가격을 지불하는 전통이 있다.

그럼 가장 비싼 참치는 얼마에 팔렸을까? 놀라지 마시라. 도쿄 도요스시장에서 2019년 새해에 경매된 참치는 무려 3억 3,360만 엔(한화 34억 7천만 원)에 낙찰되었다고 한다. 2020년 첫 경매에서도 276kg 참치가 1억 9,320만 엔(한화 20억 8727만 원)에 낙찰되었다.

참치도 양식이 된다고 한다. 호주, 지중해, 일본에서 성공하였다. 냉동이 살짝 풀린 참치회를 혀끝에 얹는 즐거움은 누구나 알 것이다. 하지만 비싼 참치를 자주 먹을만큼 주머니가 두둑한 사람도 드물다. 어떻든 대량으로 양식이 성공하여 맛있는 참치를 저렴한 가격에도 먹을 날을 고대해 본다.

참고 문헌

국립해양문화재 연구소, 《홍어장수 문순득 아시아를 눈에 담다》, 국립해양문화재 연구소, 2012.

김경희·박정석·박종오·윤형숙, 《홍어》, 민속원, 2009.

김려, 《우해이어보》, 박준원 옮김, 도서출판 다운샘, 2004.

김성호·이예균, 《일본인은 죽어도 모르는 독도 이야기88》, 예나루, 2014.

남종영, 《고래의 노래》, 도서출판 궁리, 2011.

린지 휴스, 《표트르 대제, 그의 삶, 시대, 유산》, 김혜란 옮김, 역사모노그래피, 2017.

마이클 후버·피터 카스트로, 《해양생물학(Marine Biology) 8판》, 해양생물학교재 편찬위원회 옮김, 라이프사이언스, 2015.

마크 쿨란스키, 《대구》, 박중서 옮김, 알에이치코리아, 2014.

목포대 도서문화연구소·해양경찰청, 《해양경찰 뿌리찾기》, 목포대, 2019.

미야자키 마사카쓰, 《바다의 세계사》, 이수열 외 2인 옮김, 선인, 2017.

사토 겐타로, 《세계사를 바꾼 10가지 약》, 서수지 옮김, 사람과 나무사이, 2018.

손택수, 《바다를 품은 책 자산어보》, 정약전 원저, 미래엔, 2006.

송웅달, 《슈퍼피쉬》, 페이퍼스토리, 2013.

심원준·홍선욱, 《바다로 간 플라스틱》, 지성사, 2008.

에릭 윌리엄스, 《자본주의와 노예제도》, 김성균 옮김, 우물이 있는 집, 2014.

와타나베 유키, 《펭귄의 사생활》, 윤재 옮김, 니케북스, 2017.

윤경철, 《대단한 바다 여행》, 푸른길, 2009.

이브 코아, 《고래의 삶과 죽음》, 최원근 옮김, ㈜시공사, 1989.

이은상, 《정화의 보물선》, 한국학술정보, 2014.

이청·정약전, 《자산어보》, 정명형 옮김, 서해문집, 2016.

정하미, 《일본의 서양문화 수용사》, 살림, 2005.

조영제, 《생선회 100배 즐기기》, 김&정, 2010.

주강현, 《독도강치 멸종사》, 서해문집, 2016.

주경철, 《문명과 바다》, 도서출판 산처럼, 2009.

주경철, 《크리스토퍼 콜럼부스, 종말론적 신비주의자》, 서울대학교 출판문화원, 2013.

최승표, 《메이지 이야기①》, 북겔러리, 2007.

클라이브 폰팅, 《클라이브 폰팅의 녹색 세계사》, 김정민 옮김, 민음사, 2019.

폴 그린버그, 《포 피쉬》, 박산호 옮김, 시공사, 2011.

하네다 마사시, 《바다에서 본 역사》, 민음사, 2018.

핸드릭 하멜, 《하멜표류기》, 김태진 옮김, 서해문집, 2003.

알고 보면 신기하고 재미있는 Sea Story
당신만 몰랐던 매혹적인 바다이야기 27

2020년 5월 11일 초판인쇄
2020년 5월 15일 초판발행
2020년 6월 2일 2쇄 발행
2020년 10월 12일 3쇄 발행
2022년 5월 1일 4쇄 발행

지 은 이   고명석
펴 낸 이   신동설
펴 낸 곳   청미디어
신고번호   제2020-000017호

청미디어
주소 : 경기 하남시 조정대로 150, 508호 (덕풍동, 아이테코)
전화 : (031)792-6404, 6605   팩스 : (031)790-0775
E-mail : sds1557@hanmail.net

Editor   고명석
Designer   정인숙
Cover   박성은

정가 : 17,000원
ISBN : 979-11-87861-33-1 (03900)